公路改扩建路基拓宽
技术指南

主编 ◎ 赵耿　李念军　王宗麟　王敏

西南交通大学出版社
·成　都·

图书在版编目（CIP）数据

公路改扩建路基拓宽技术指南 / 赵耿等主编. —成都：西南交通大学出版社，2023.5
ISBN 978-7-5643-9260-4

Ⅰ.①公… Ⅱ.①赵… Ⅲ.①公路路基–改建–指南 ②公路路基–扩建–指南 Ⅳ.①U416.1-62

中国国家版本馆 CIP 数据核字（2023）第 070866 号

Gonglu Gai-Kuo Jian Luji Tuokuan Jishu Zhinan
公路改扩建路基拓宽技术指南
主编　赵　耿　李念军　王宗麟　王　敏

责任编辑	杨　勇
封面设计	原谋书装
出版发行	西南交通大学出版社 （四川省成都市金牛区二环路北一段 111 号 西南交通大学创新大厦 21 楼）
发行部电话	028-87600564　028-87600533
邮政编码	610031
网　　址	http://www.xnjdcbs.com
印　　刷	成都市新都华兴印务有限公司
成品尺寸	170 mm × 230 mm
印　　张	8
字　　数	86 千
版　　次	2023 年 5 月第 1 版
印　　次	2023 年 5 月第 1 次
书　　号	ISBN 978-7-5643-9260-4
定　　价	50.00 元

图书如有印装质量问题　本社负责退换
版权所有　盗版必究　举报电话：028-87600562

《公路改扩建路基拓宽技术指南》编写委员会

主任委员	赵 耿　李念军　王宗麟　王 敏
副主任委员	唐德金　李花磊　马衍光　王东昊
	冯 雷　吕 斌
参编人员	朱冷斌　孙子焯　曹友真　宋 超　王 静
	史清华　张宏博　瞿世学　高 翔
主　　审	郭宗杰　庄建伟
副主审	卢利群　夏红军　刘传波　彭红涛
	董 健　杨 强
参审人员	杨振鹏　毕研川　解西波　李传杰
	高树增　李俊岩
参加编制单位	山东金衢设计咨询集团有限公司
	济南市城乡交通运输局
	齐鲁高速公路股份有限公司济菏运营管理中心

前言

近年来,随着我国交通行业的快速发展,大量已建公路已不能适应持续增长的交通需求。为充分利用原有道路基础设施,减少占地面积、节约建设资金,对既有公路进行拓宽改建,逐渐成为公路工程建设的重要组成部分。诸多工程实践表明,改扩建公路不可避免会面临差异沉降、路面结构开裂、路基稳定性不足等工程问题,因此,为保证新老路基共同承受路面结构和行车荷载作用所需的强度和稳定性,减少各类病害的发生,需要对改扩建公路路基建设采取科学合理、经济有效的处治技术。

现行公路路基设计和施工技术规范主要针对新建路基,而对改扩建公路路基拓宽处治设计施工技术则很少涉及。因此,制定《公路改扩建路基拓宽技术指南》,明确路基拓宽的设计标准、设计理论和方法体系,提供拓宽路基处治的技术措施、施工工艺和质量控制方法,可以弥补现行相关规范的不足,为公路拓宽改建工程提供参考和指导。

本指南包括的主要内容:

(1)改扩建公路新老路基拼接方式;

(2)改扩建公路路基病害调查分析;

(3)改扩建公路路基拓宽设计计算;

（4）改扩建公路新老路基协调变形处理技术；

（5）改扩建公路路基施工技术；

（6）改扩建公路路面辅助处治技术与排水。

凡与新建路基工程相同之处，本指南不再赘述。

全书由山东金衢设计咨询集团有限公司赵耿、张宏博等负责编撰、定稿。

本书的编辑出版发行得到了西南交通大学出版社的大力支持，在此致以衷心的敬意和谢意！

由于编写时间和水平所限，疏漏之处难免，欢迎读者批评指正，以求改进。

编 者

2022 年 9 月

目录 \ CONTENTS

1 总　则 …………………………………………………… 001

2 规范性引用文件 ………………………………………… 005

3 术语与定义 ……………………………………………… 009

4 改扩建公路新老路基拼接方式 ………………………… 013

5 改扩建公路病害成因调查分析 ………………………… 029

6 改扩建公路路基拓宽设计计算 ………………………… 035

7 改扩建公路地基处理技术 ……………………………… 049

8 改扩建公路新老路基协调变形处理技术 ……………… 081

9 改扩建公路路基施工技术 ……………………………… 091

10 改扩建公路路面辅助处治技术与排水 ………………… 113

1 总则

1 总则

1.1 为指导山东省公路改扩建工程中路基拓宽设计与施工,使公路路基工程设计符合安全可靠、技术先进、经济合理的要求,同时提高路基工程施工技术水平,保证施工质量,制定本指南。

1.2 本指南适用于山东省公路改扩建工程中路基的设计与施工。

1.3 公路改扩建设计中,应贯彻环境保护、耕地保护和资源节约的基本国策,遵循"利用与改扩建充分结合、建设与运营相互协调"的原则,进行科学论证,提出合理方案。

1.4 对既有工程,应在调查、评价的基础上,结合改扩建需求,予以充分利用。

1.5 新建路基与既有路基应衔接良好,应具有足够的强度、稳定性和耐久性。

1.6 路基改扩建设计应做好公路沿线工程地质勘察试验工作,查明沿线水文、地质条件,获取设计所需要的岩土物理力学参数。

1.7 路基改扩建设计应根据公路的功能和等级,遵循因地制宜、就地取材、节约土地、保护环境的原则,通过技术经济综合比选,合理确定路基方案,做好综合设计。

1.8 公路路基施工必须遵守国家生态、环境保护、土地管理以及国家文物保护的有关法律法规,尽量保护原有植被地貌,防止噪声和粉尘污染,对于施工废弃物必须妥善处理;遇有文物时,应立即停止施工,并保护好现场,会同有关单位妥善处理。

1.9 公路路基改扩建设计与施工应贯彻国家有关技术经济政策,在满足质量标准的前提下,积极稳妥地采用新技术、新结构、新材料和新工艺。

1.10 公路路基改扩建设计与施工应符合国家和行业现行有关标准的规定。

2 规范性引用文件

2 规范性引用文件

下列文件对于本指南的应用是必不可少的。

JTG B01《公路工程技术标准》

JTG D30《公路路基设计规范》

JTG/T 3610《公路路基施工技术规范》

JTG/T D31-02《公路软土地基路堤设计与施工技术细则》

JTG/T D32《公路土工合成材料应用技术规范》

JTG/T D33《公路排水设计规范》

JTG/T L11《高速公路改扩建设计细则》

JG/T 266《泡沫混凝土》

JTG 3430《公路土工试验规程》

JTG F80/1《公路工程质量检验评定标准》

JTG C20《公路工程地质勘察规范》

JTG F60《公路路基路面现场测试规程》

GB 175《通用硅酸盐水泥》

JGJ 63《混凝土用水标准》

GB 8076《混凝土外加剂》

GB 50119《混凝土外加剂应用技术规范》

3 术语与定义

下列术语与定义适用于本指南。

3.1 公路改扩建 highway reconstruction and extension

在既有公路路线走廊带内，利用原有道路资源，通过拓宽、改造以提高服务水平、通行能力及安全性的工程建设行为。

3.2 改造 rehabilitation

对原公路及沿线设施进行更换、补强或增设等，以提高技术等级和使用性能的建设行为。

3.3 拼宽 widening

公路加宽新建部分与既有部分通过横向物理联系组合成整体，以增加普通公路车道数的建设行为。

3.4 路基 subgrade

按照路线位置和一定技术要求修筑的带状构造物，是路面的基础，承受由路面传来的行车荷载。

3.5 路基拼接 subgrade joint construction

使新老路基连接成为整体的工程措施。

3.6 高路堤 high embankment

路基填土边坡高度大于 20 m 的路堤。

3.7 陡坡路堤 steep slope embankment

地面陡坡陡于 1∶2.5 的路堤。

3.8 特殊路基 special subgrade

位于特殊土（岩）地段、不良地质地段及受水、气候等自然因素影响强烈，需要进行特殊设计的路基。

3.9 软土 soft soil

天然含水率高、孔隙比大、压缩性高、抗剪强度低的细粒土。泛指软黏土、淤泥质土、淤泥、泥炭质土、泥炭等软弱土。

3.10 交通组织保障 traffic organization guarantee

道路改扩建施工期间，采用路网分流、交通组织、安全防护等措施，使道路维持一定通行能力的保障措施。

4 改扩建公路新老路基拼接方式

4 改扩建公路新老路基拼接方式

4.1 按照地形地基条件、路基拓宽方式、新路基填挖形式、新老边坡类型、共同作用层厚度等，可以将路基拓宽方式分为 17 类。

4.2 路基共同作用层是指在旧路拓宽工程中，若拓宽后道路路床顶面设计标高高于旧路路面标高，全路范围内中间这一层新填路基称为路基共同作用层。

4.3 挖方老路基+挖方新路基。

4.3.1 如图 4-1 所示，为山区非陡坡道路单内侧挖方路基拓宽方式，新、老路基均完全由挖方形成。

4.3.2 此类拓宽方式主要问题是内侧道路挖方所造成的排水不良。

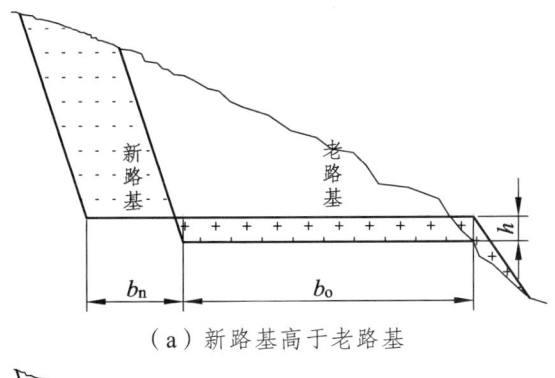

（a）新路基高于老路基

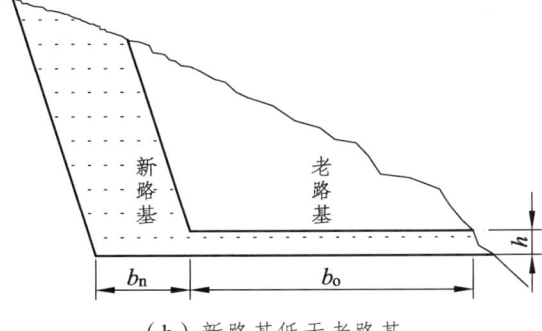

（b）新路基低于老路基

图 4-1 挖方老路基+挖方新路基

注：h 为共同作用层厚度，b_o、b_n 分别为老路基和新路基的宽度，下同。

4.4 挖方老路基+填方新路基

4.4.1 如图 4-2 所示，为山区非陡坡道路单外侧填方拓宽形式，老路基为全路堑形式，新路基由自然放坡而成。

4.4.2 拓宽路基填料多选用就近路段的挖方体，新、老路基在填料类型、压实度等方面均存在一定的差异；非陡坡的拓宽还可能处于洪积层、坡积层等软弱地基区域，存在差异沉降、路基稳定性不足等问题。

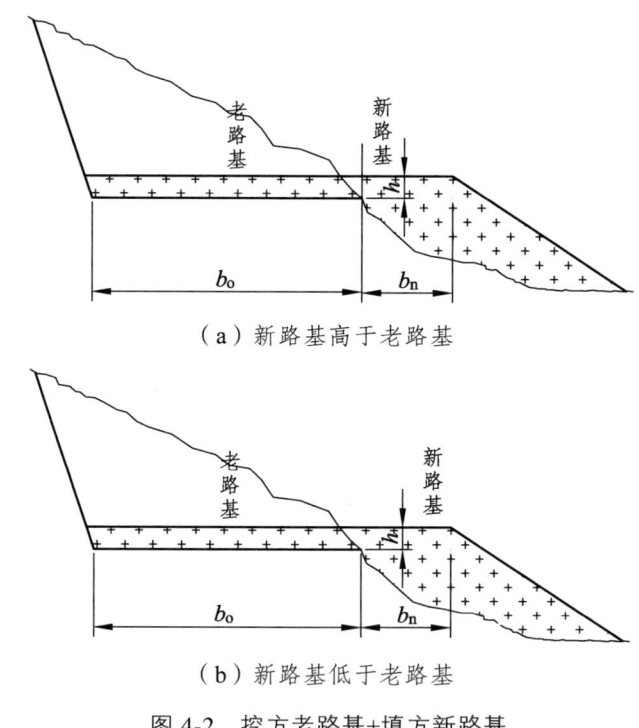

图 4-2 挖方老路基+填方新路基

4.5 半填半挖老路基+挖方新路基

4.5.1 如图 4-3 所示，为山区非陡坡道路单内侧挖方拓宽形式。老路基为半填半挖，新路基由挖方形成。

4.5.2 此类拓宽方式主要问题是内侧道路挖方所造成的排水不良。

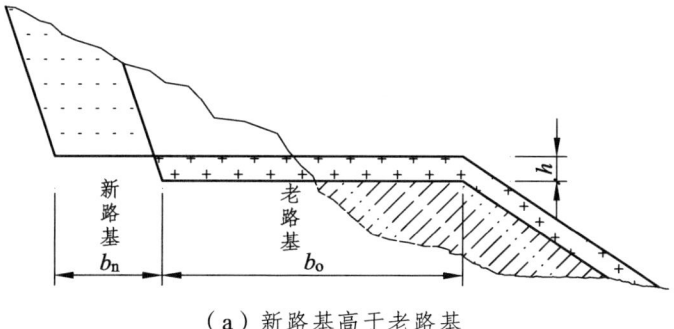

（a）新路基高于老路基

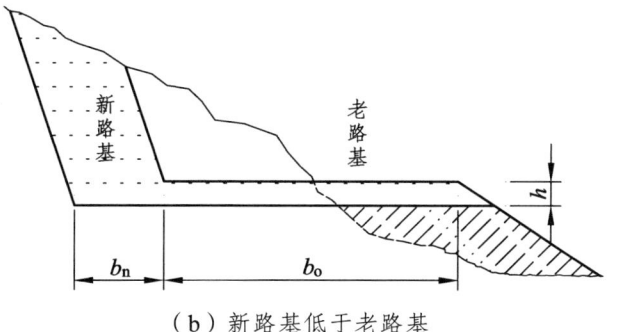

（b）新路基低于老路基

图 4-3　半填半挖老路基+挖方新路基

4.6　半填半挖老路基+填方新路基。

4.6.1　如图 4-4 所示，为山区非陡坡道路单外侧填方拓宽形式。老路基为半填半挖，新路基为填方。

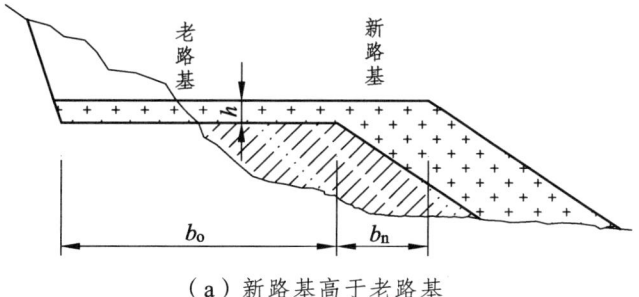

（a）新路基高于老路基

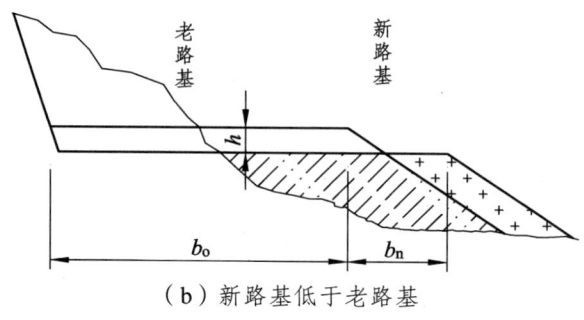

（b）新路基低于老路基

图 4-4 半填半挖老路基+填方新路基

4.6.2 此类拓宽方式的主要问题在于同一断面上的路基土存在较大差异：老路基挖方部分为山体开挖的原状土且经多年行车荷载作用，老路基填方部分也经过多年固结和行车荷载作用，而新路基则是自然放坡的新填路基，固结度小，潜在变形较大。

4.7 填方老路堤+挖方新路基。

4.7.1 如图 4-5 所示，为山区非陡坡道路单内侧挖方拓宽形式。老路基为半填半挖，新路基为挖方。

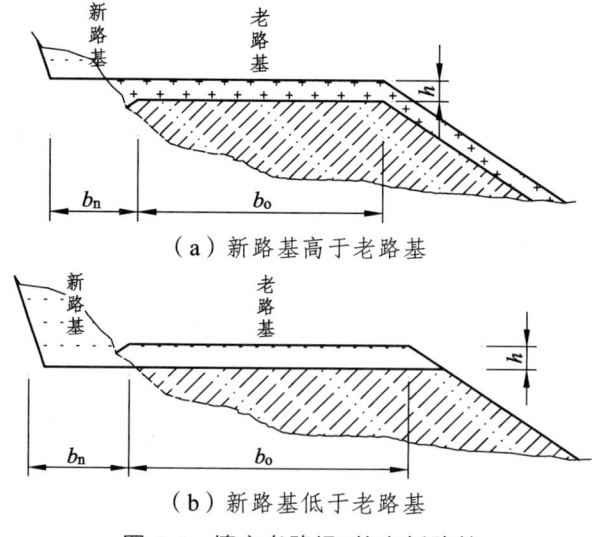

（a）新路基高于老路基

（b）新路基低于老路基

图 4-5 填方老路堤+挖方新路基

4.7.2 此类拓宽方式的主要问题一是新、老路基性能差异大,二是新老路基结合面为原自然边坡,相对薄弱。

4.8 填方老路堤+填方新路堤。

4.8.1 如图 4-6 为山区非陡坡道路单外侧填方拓宽形式。

4.8.2 此类拓宽方式的主要问题是,一方面新、老路基填料和压实度方面存在差异,另一方面两者的固结程度也不同,易发生工后差异沉降,导致相关病害。

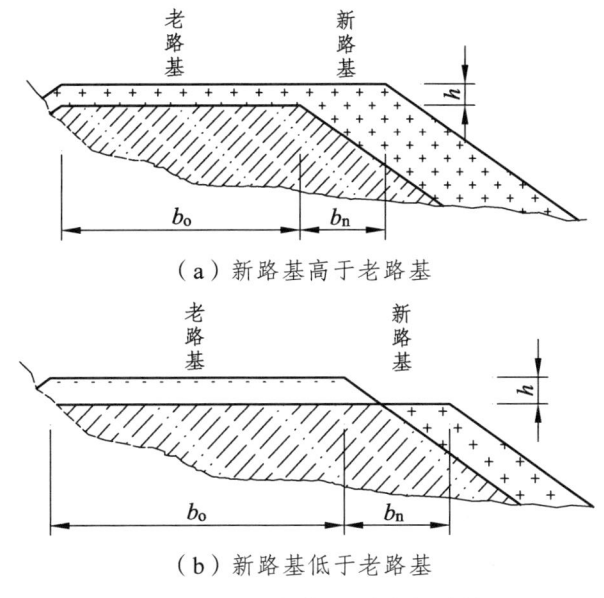

(a) 新路基高于老路基

(b) 新路基低于老路基

图 4-6 填方老路堤+填方新路基

4.9 挖方老路基+两侧拓宽新路基。

4.9.1 如图 4-7 所示,为山区非陡坡道路双侧拓宽形式。老路基为挖方路基,新路基则一侧为挖方路基,另一侧为填方路基。

4.9.2 此类方式兼有填方拓宽和挖方拓宽的特点,其病害主要表现为内侧排水不良、外侧差异沉降等。

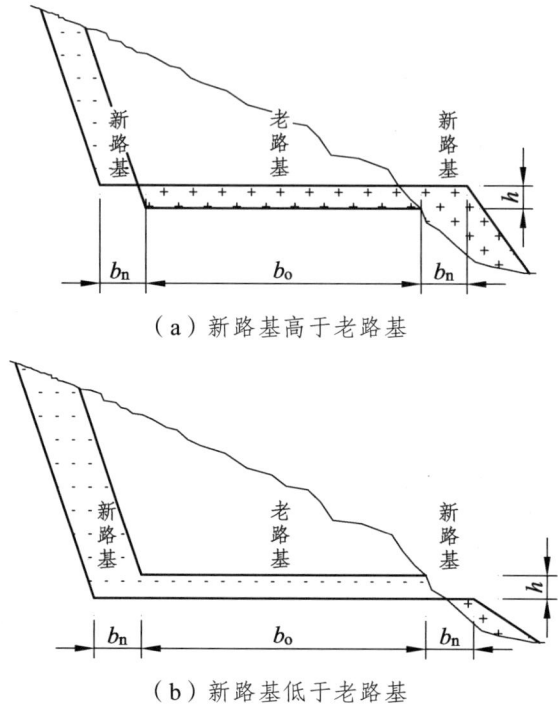

（a）新路基高于老路基

（b）新路基低于老路基

图 4-7 挖方老路基+两侧拓宽新路基

4.10 半填半挖老路基+两侧拓宽新路基。

4.10.1 如图 4-8 所示，为山区非陡坡道路双侧拓宽形式。老路基为半填半挖，老路内侧为挖方拓宽，外侧为自然放坡填方拓宽。

4.10.2 此类拓宽方式在道路横断面上形成 4 种不同的路基类型，即挖方新路基、挖方老路基、填方老路基和填方新路基，它们在路基材料、压实度和固结程度等方面都存在差异，从而导致路基路面的不协调变形。

4.11 填方老路堤+两侧拓宽新路基。

4.11.1 如图 4-9 所示，为山区非陡坡道路双侧拓宽形式。老路基为填方路基，老路内侧为挖方路堑拓宽，外侧为自然放坡填方拓宽。

4.11.2 此种形式兼有挖方拓宽和填方拓宽的特点。

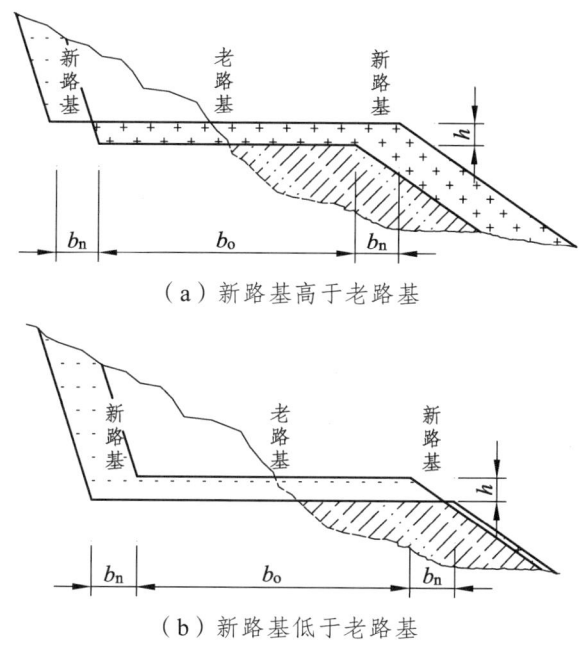

（a）新路基高于老路基

（b）新路基低于老路基

图 4-8　半填半挖老路基+两侧拓宽新路基

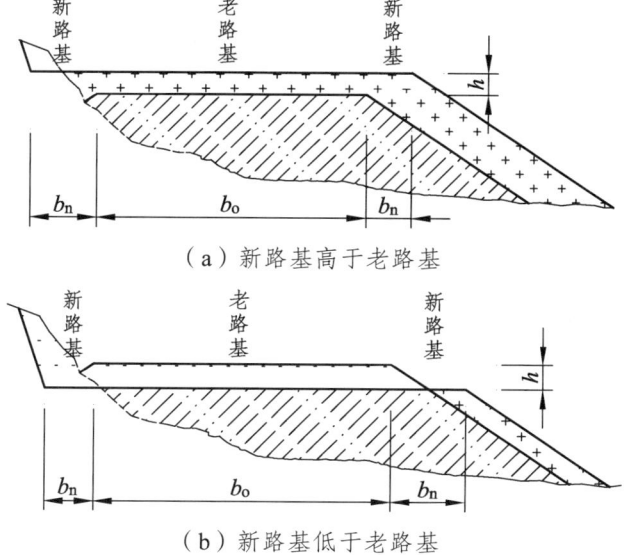

（a）新路基高于老路基

（b）新路基低于老路基

图 4-9　填方老路堤+两侧拓宽新路基

4.12 路堑老路堤+单侧挖方新路基。

4.12.1 如图 4-10 所示,为山区全路堑老路基单侧拓宽形式。

4.12.2 由于新路基、老路基均为挖方路堑拓宽,除挖方区域属不良地基条件,新老路基的地基条件一般差异不大,但仍需要重视路基路面排水。

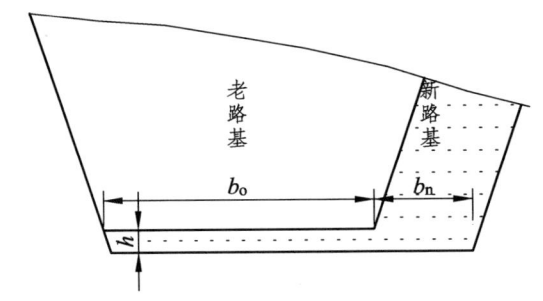

(a)新路基高于老路基

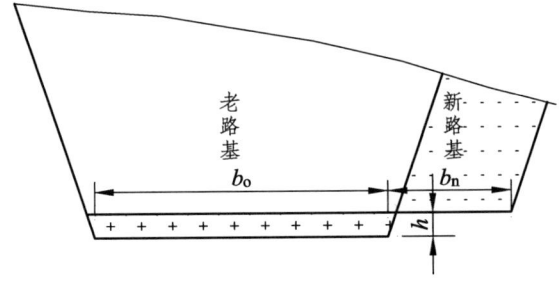

(b)新路基低于老路基

图 4-10 路堑老路堤+单侧挖方新路基

4.13 路堑老路堤+双侧挖方新路基。

4.13.1 如图 4-11 所示,为山区全路堑老路基双侧拓宽形式。

4.13.2 由于挖方拓宽通常需重新设置边坡防护,因此对双侧拓宽来说,边坡防护工程量较大,容易出现排水不良。

4.14 路堑老路基+外侧拓宽。

4.14.1 如图 4-12 所示,为山区陡坡单外侧拓宽形式。老路基为挖方,拓宽处分别设置了支挡结构(如重力式挡土墙)、栈桥结构、填土放坡。

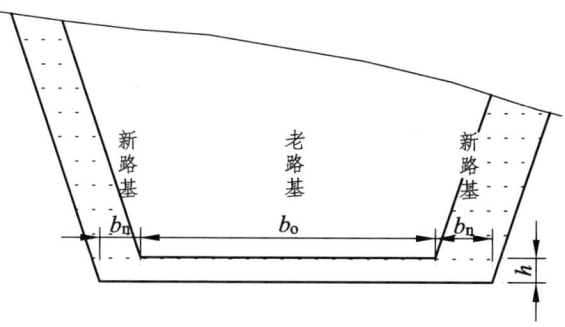

(a)新路基高于老路基

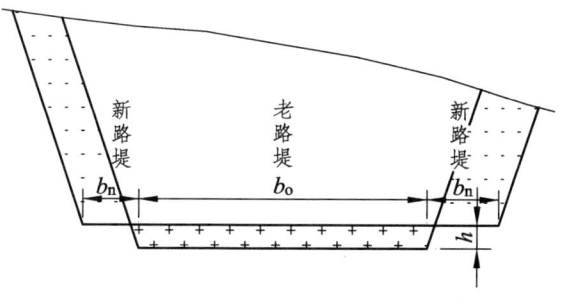

(b)新路基低于老路基

图 4-11　路堑老路基+双侧挖方新路基

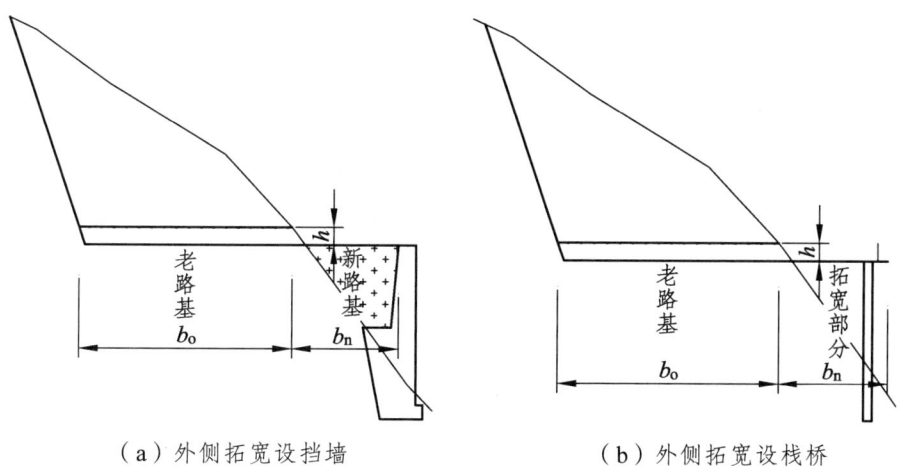

(a)外侧拓宽设挡墙　　　　　　　(b)外侧拓宽设栈桥

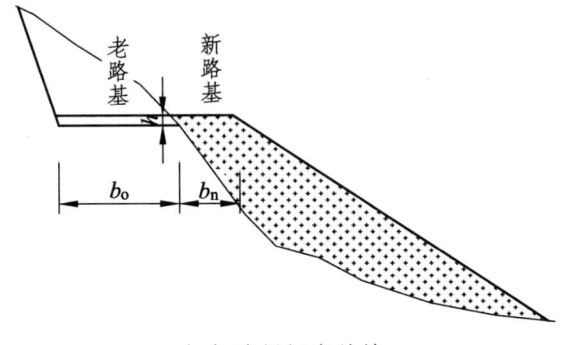

（c）外侧拓宽放坡

图 4-12　路堑老路基+外侧拓宽

4.14.2 设置挡墙的结合方式应首先确保挡墙本身的稳定性，另外还需注意墙背填料填筑时的施工质量、填料的级配等要求，或选择泡沫轻质土作为台背填料，以控制墙背填料的工后差异沉降。

4.14.3 栈桥形式拓宽，拓宽部分须建造成桥梁结构形式，成本会增加，相应病害会减少较多。

4.14.4 外侧拓宽处放坡需要大量土石方，投资上不经济，且施工困难，对该处原地面产生的附加荷载大，极易产生拓宽处放坡路堤与老路基间的过量差异沉降，从而造成路面相关病害。

4.15 半填半挖老路基+外侧拓宽设挡墙。

4.15.1 如图 4-13 所示，为山区陡坡单外侧拓宽形式。老路基为半填半挖形式，填方部分采用放坡形式或者设置支挡结构，而新路基均为在外侧拓宽处设置支挡结构。

4.15.2 挡墙设置应尽可能埋设至老路基的地基层面中，正常情况下可适当减小挡墙高度，以节省工程造价。

4.15.3 当老路填方部分设置支挡结构时，由于地处陡坡区域，新设置的挡墙通常需建造得较高，且新老挡墙间的墙背填筑施工难度较大，通常不易压实，拓宽路基易形成工后压密变形。

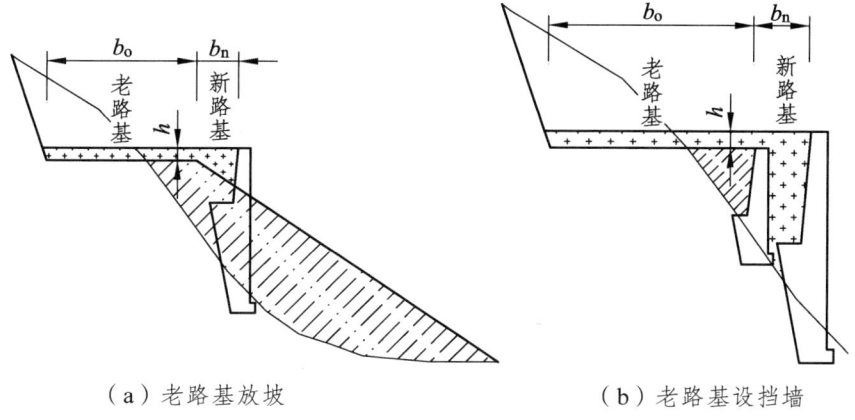

（a）老路基放坡　　　　　　（b）老路基设挡墙

图 4-13　半填半挖老路基+外侧拓宽

4.16　半填半挖老路基+外侧拓宽放坡。

4.16.1　如图 4-14 所示，为山区陡坡单外侧拓宽形式。老路基为半填半挖形式，填方部分在路基外侧设置挡土墙或者采用放坡形式，新路基均为在外侧拓宽处采用放坡形式。

4.16.2　当老路基填方部分外侧设置挡墙时，新路拓宽时填筑的土、石方量巨大，对当地地形地貌改变较大，应着重加强填挖平衡设计。

4.16.3　路堤填土引起的附加荷载明显，若该处地基本身属于不良地基，易造成地基的二次固结变形和填筑体本身的压密变形，新、老路基间不可避免地产生较大的差异沉降，路面结构层通常会在通车后一段时间内产生纵向开裂等病害，应加强地基处理设计。

4.16.4　当老路基填方部分采用放坡形式时，由于新路基拓宽宽度不大，而路堤填筑深度较大，填筑体形状成狭长形，施工难度大，常用的道路压实机具无法展开施工，因此压实度难以保证，易留下质量隐患，也易出现新老路基结合不良的相关病害。

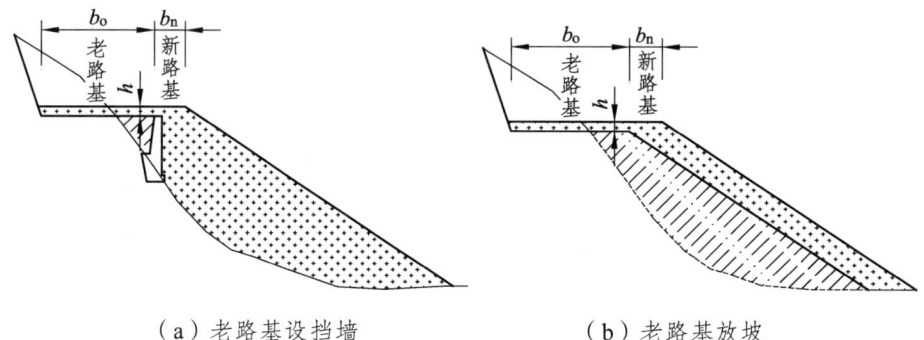

（a）老路基设挡墙　　　　　　（b）老路基放坡

图 4-14　半填半挖老路基+外侧拓宽放坡

4.17　填方老路堤放坡+填方新路基放坡。

4.17.1　如图 4-15 所示，为平原地区拓宽形式。老路基为全填方放坡的路堤形式，新路基为单、双侧填方放坡拓宽。

4.17.2　若新老路线形不变，新路断面布置时可以考虑在新老结合部路表位置设置一些容许差异沉降的分隔带，如中央分隔带、机非分隔带等沉降隔离设施。

4.17.3　由于平原地区软弱地基较为普遍，新路基荷载易使老路基发生二次沉降，从而在老路路面内产生附加应力，造成路面的损坏。

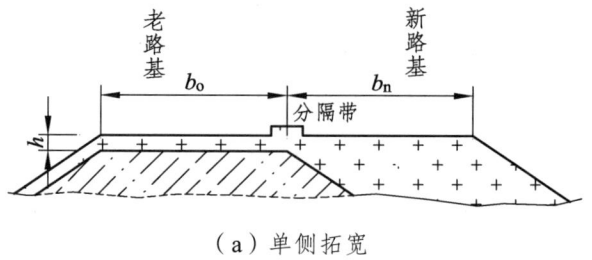

（a）单侧拓宽

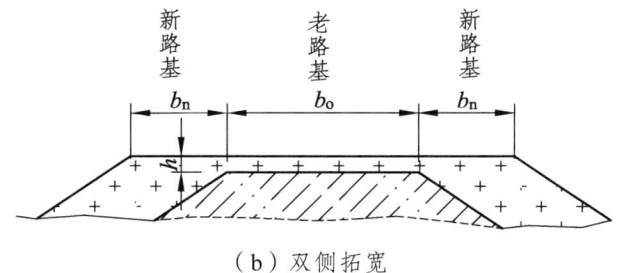

（b）双侧拓宽

图 4-15　填方老路堤放坡+填方新路基放坡

4.18 填方老路堤挡墙+双侧填方新路基。

4.18.1 如图 4-16 所示，为平原地区拓宽形式。老路为填方路基，两侧设置支挡结构，新路向老路两侧填方拓宽。

4.18.2 该类拓宽形式利用了老路挡土墙，由于挡土墙墙面的直立特性，新老路基沉降的过渡范围几乎没有，因此在老挡墙与新路基交界处易发生沉降突变，相关病害（如纵向裂缝）容易发生在此附近。

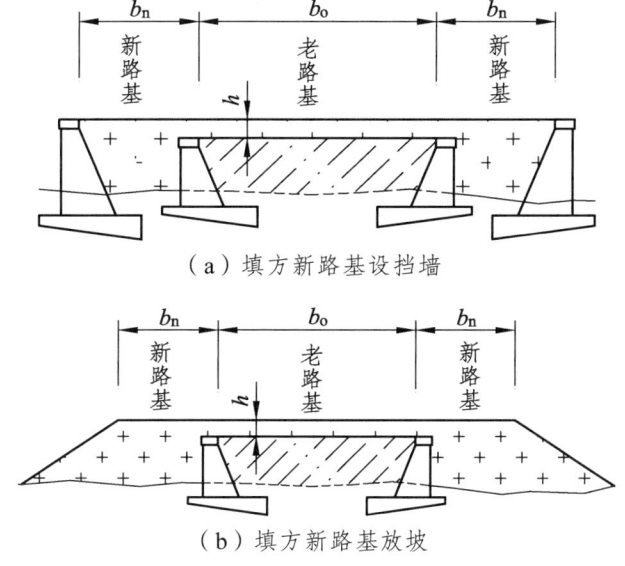

（a）填方新路基设挡墙

（b）填方新路基放坡

图 4-16　填方老路堤挡墙+双侧填方新路基

4.19 填方老路基+单侧填方新路基。

4.19.1 如图 4-17 所示，为平原地区拓宽形式。此类结合方式在新路断面中均设置了中央分隔带。

4.19.2 利用中央分隔带可以形成新老路基之间的不协调变形缓冲带，但由于拓宽路基造成的老路基二次沉降同样不可忽视。

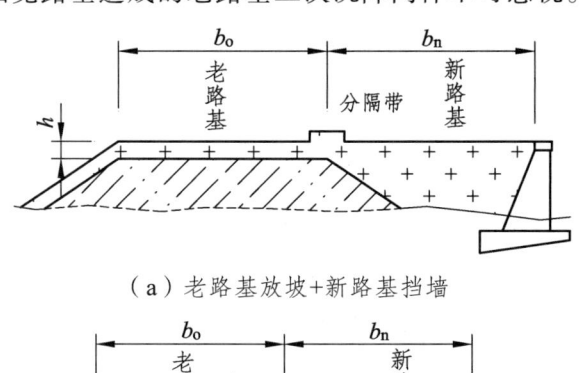

（a）老路基放坡+新路基挡墙

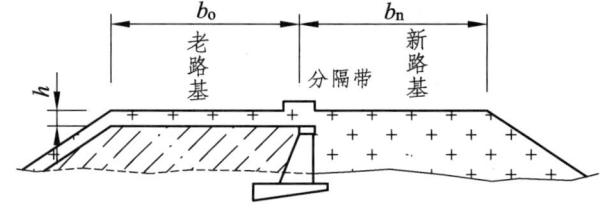

（b）老路堤挡墙+新路基放坡

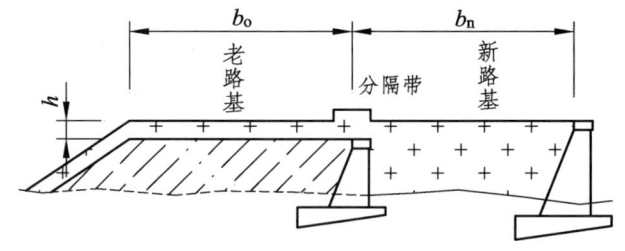

（c）老路基挡墙+新路基挡墙

图 4-17 填方老路堤+单侧填方新路基

5 改扩建公路病害成因调查分析

5.1 拓宽路基常见病害类型，包括新老路基结合部剪切开裂、新老路面结合部弯拉开裂、老路基层顶面开裂、新（老）路基层底面开裂等。

5.1.1 新老路基结合部剪切开裂相对应的设计状态为：结合面上的剪应力>结合面抗剪强度。这类损坏主要涉及滑动稳定，需要在稳定性分析中考虑。

5.1.2 新老路面结合部弯拉开裂相对应的设计状态为：

（1）不协调变形引起的结合部路面基层顶面结构附加应力>结合部路面基层弯拉强度（基层顶面受拉）。

（2）不协调变形引起的结构底面附加应力+结构底面荷载应力>基层弯拉强度（基层底面受拉）。

5.1.3 老路基层顶面开裂相对应的设计状态为：路基变形引起的老路基层顶面结构附加应力>老路基层弯拉强度。

5.1.4 新（老）路基层底面开裂相对应的设计状态为：结构底面附加应力+结构底面荷载应力>基层弯拉强度。

5.2 拓宽路基常见病害成因。

5.2.1 新老路基的差异。

（1）老路基由于承受多年自重和行车荷载作用，地基的固结沉降和路基的压缩变形已完成或基本完成，而新路基施工结束后会产生进一步的地基固结沉降和路基压缩变形。

（2）路基填料或压实度不同会引起新老路基的回弹模量存在差异。

5.2.2 新老路基的相互作用。

（1）拓宽改建施工过程中和施工后，新路基填土会通过老路边坡将部分荷载传递给老路基，会导致老路基发生二次沉降和压缩变形。

（2）新路基发生沉降时，通过新老路基界面的负摩阻力也会促使老路基发生变形。

（3）老路基发生的变形反映到路基顶面，会在老路路面结构中形成附加应力，可能导致老路路面结构的损坏。

5.3 为避免或减轻改扩建公路因路基拓宽引起的病害，需对既有公路路基的现状进行调查，包括断面测量、地物调查、水文和地质情况调查，以及既有路基病害调查等内容。

5.3.1 断面测量：每隔 20 m 测量一个既有路基的横断面，特殊路段需要加密。断面测量范围一般应超出现有路基占地范围以外 50 m 以上，根据测量数据得到既有路基的断面形状、占地范围、路基以外的地形；原路基构造物比如挡土墙和水沟等的测量，包括构造物平面坐标、高程、尺寸等。

5.3.2 地物调查：测量既有路基以外的建筑物的角点坐标，并在地形图中予以标注。

5.3.3 水文调查：沿线水系和水文资料的收集，对天然水沟、河道的位置、走向、断面面积、水流方向等进行调查，作为排水系统设计的基础数据。

5.3.4 地质情况调查：调查既有路基以外一定范围内是否有软土地基、鱼塘、水库等。

5.3.5 既有路基病害调查：调查既有路基是否出现沉降、滑移、开裂等，构造物如挡土墙是否出现移位、开裂等病害。

5.4 既有路基调查应采取资料收集、现场调查和勘探试验相结合的方法。路基拓宽改建设计前，应收集既有公路的地基及路基勘察设计、竣工图和养护等方面的资料。软土地区尚应收集既有公路的沉降监测资料。

5.5 现场调查应综合采用路况调查、无损检测和勘探试验等技术手段，判定既有路基及排水设施、防护与支挡结构的使用性能。现场调查应符合下列要求：

5.5.1 根据既有资料和路况调查结果，对既有路基进行分段测试与评价。

5.5.2 选择有代表性的路段，进行几何尺寸、动态弯沉、承载板等测试，确定路基回弹模量。各项测试应符合现行《公路路基路面现场测试规程》（JTG F60）的有关规定。

5.5.3 应选择代表性断面及病害路段，对路面结构层、路基及地基土进行勘探试验，勘探深度和取样试验应符合现行《公路工程地质勘察规范》（JTG C20）的有关规定。

5.5.4 应调查既有路基支挡工程基础形式、地基地质条件和使用状况，必要时应对支挡工程地基进行勘探试验。

5.6 应对既有填方路堤和挖方路段路床土进行物理力学性质试验，确定路基土的含水率、饱和度、压实度、平均稠度、回弹模量、CBR值等。

5.7 既有路基的分析评价应包括下列内容：

5.7.1 根据调查、测量、试验和水文分析资料，确定既有路基高程能否满足路基设计洪水频率规定。

5.7.2 确定既有路基填料能否满足路基土最小 CBR 值和路基压实度的要求。

5.7.3 确定路基的平衡湿度,分析评价路基相对高度的合理性。

5.7.4 分析评价路基边坡的稳定状态,各种防护排水设施的有效性及改进措施。

5.7.5 分析评价既有路基病害的类型、分布范围、规模、成因,以及既有路基病害整治工程设施的效果,并提出路基病害整治措施。

6 改扩建公路路基拓宽设计计算

6.1 新、老路面结构服役期间将承受行车荷载作用，同时因新老路基存在不协调变形使得路面结构还承受附加应力，因此，拓宽路基设计理论基于控制不协调变形而提出。

6.2 拓宽路基差异沉降实用计算模型的建立。

6.2.1 新旧路基附加应力的计算。如图 6-1 所示，根据布辛内斯克公式，以梯形荷载底边中点原点建立坐标系，新旧地基中任意一点附加应力可由式（6-1）进行计算。

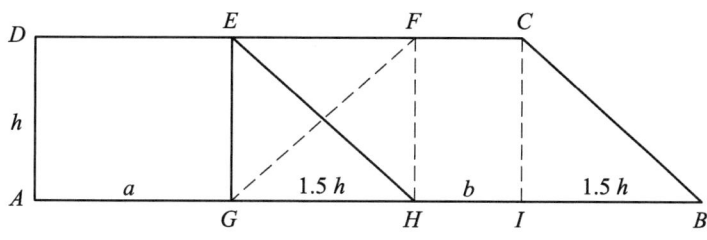

图 6-1 拓宽路基等效荷载

$$\begin{aligned}\delta &= \delta_{GHF} + \delta_{HICF} + \delta_{IBC} \\ &= K_{t1}^z \gamma h + K_{s2}^z \gamma h + K_{t3}^z \gamma h \\ &= (K_{t1}^z + K_{s2}^z + K_{t3}^z) \cdot \gamma h\end{aligned} \quad (6\text{-}1)$$

式中 γ ——路基土容重；

h ——路堤填筑高度；

K_{t1}^z，K_{t3}^z ——三角形分布荷载引起的附加应力系数；

K_{s2}^z ——矩形分布荷载引起的附加应力系数。

等效荷载各分区域引起的附加应力系数计算：

$$\begin{cases} K_{t1}^z = \dfrac{1}{\pi} \left\{ m_1 \left[\arctan\left(\dfrac{m_1}{n}\right) - \arctan\left(\dfrac{m_1-1}{n}\right) \right] - \dfrac{(m_1-1)n}{(m_1-1)^2+n^2} \right\} \\ K_{t3}^z = \dfrac{1}{\pi} \left\{ m_3 \left[\arctan\left(\dfrac{m_3}{n}\right) - \arctan\left(\dfrac{m_3-1}{n}\right) \right] - \dfrac{(m_3-1)n}{(m_3-1)^2+n^2} \right\} \end{cases} \quad (6\text{-}2)$$

式中：$m_1 = \dfrac{x-a}{1.5h}$，$n = \dfrac{z}{1.5h}$，$m_3 = \dfrac{a+b+3h-x}{1.5h}$。

$$K_{s2}^z = \dfrac{1}{\pi}\left[\arctan\left(\dfrac{m_2}{n_2}\right) - \arctan\left(\dfrac{m_2-1}{n_2}\right) + \dfrac{m_2 n_2}{m_2^2+n_2^2} - \dfrac{(m_2-1)n_2}{(m_2-1)^2+n_2^2}\right] \quad (6\text{-}3)$$

式中：$m_2 = \dfrac{x-a-1.5h}{b}$，$n_2 = \dfrac{z}{b}$。

在受到梯形分布的外力作用下地基中任意一点附加应力时，以矩形荷载底边中点为原点，得到梯形荷载作用下地基中任意一点附加应力如式（6-4）：

$$\begin{aligned}\delta = \dfrac{\gamma h}{\pi} &\left\{ \left[\arctan\dfrac{B-2x}{2z} + \arctan\dfrac{B+2x}{2z} - \dfrac{4Bz(4x^2-4z^2-B^2)}{(4x^2+4z^2-B^2)+16B^2z^2}\right] \right. + \\ &\left[\left(\dfrac{B-2x}{2hm}+1\right)\left(\arctan\dfrac{B-2x+2hn}{2z} - \arctan\dfrac{B-2x}{2z}\right) - \dfrac{2z(B-2x)}{(B-2x)^2+4z^2}\right] + \\ &\left.\left[\left(\dfrac{B+2x}{2hm}+1\right)\left(\arctan\dfrac{B+2x+2hm}{2z} - \arctan\dfrac{B+2x}{2z}\right) - \dfrac{2z(B+2x)}{(B+2x)^2+4z^2}\right]\right\} \quad (6\text{-}4)\end{aligned}$$

式中　B——路堤顶面宽度（m）；

　　　m，n——路堤两侧边坡坡度。

6.2.2 新旧路基总差异沉降量计算。

选取附加应力最大和最小点，即新路基形心和老路中心位置作为计算点，两者之差作为由于拓宽路基引起的新旧地基最大差异沉降。

最终沉降量公式为：

$$S = \sum_{i=1}^{n} \frac{C_{ci}}{1+e_{0i}} \left(\lg \frac{\sigma_{z0i} + \sigma_{fi}}{\sigma_{z0i}} \right) H_i \quad (6\text{-}5)$$

式中　σ_{z0i}——第 i 层土深度 z 处的拓宽前的应力；

　　　σ_{fi}——第 i 层土深度 z 处的新建路基产生的附加应力；

　　　e_{0i}——第 i 层土的初始孔隙比；

　　　C_{ci}——第 i 层土的再压缩指数；

　　　H_i——第 i 层土的厚度。

采用公式（6-5）可计算出原地基的最终沉降量与新建地基的最终沉降量，计算结果之差则为最终差异沉降量。则新旧地基表面任意两点间差异沉降 ΔS 可由式（6-6）进行计算：

$$\Delta S = S_A - S_B \quad (6\text{-}6)$$

式中　S_A——地基表面某点 A 竖向沉降；

　　　S_B——地基表面某点 B 竖向沉降。

6.2.3　差异沉降修正系数反演。

依据现场实测结果，反演得到理论计算结果和实测值的反演修正系数，$\eta = \dfrac{S_{理论}}{S_{实测}}$，如表 6-1 所示。

表 6-1　差异沉降修正系数推荐值

地基情况	差异沉降修正系数		
	路肩	路中心线	
		路基高度超过 6 m	路基高度低于 6 m
高压缩性地基	1.00～1.25	0.75～0.90	0.85～0.95
普通地基	1.00～1.10	0.85～0.95	0.90～1.00

6.3 拓宽路基数值分析计算模型和方法的建立。

6.3.1 交通荷载模型。按我国现行路面设计规范，选用双轮组单轴荷载 100 kN 作为标准轴载。其他设计参数为：双轮组轮载为 50 kN，轮胎接触路面的压强为 0.70 MPa，接触面积的当量圆直径为 21.3 cm，双轮的中心距为 31.95 cm（1.5 倍当量圆直径）。不同轴载的作用次数，按相应的路面损坏等效原则换算成标准轴载的作用次数。

6.3.2 拓宽路基分析模型构建的基本假定：

（1）按照平面应变问题进行考虑，进行二维有限元分析。

（2）土体为弹塑性材料，采用修正的 D-P 模型或 M-C 模型进行模拟。

（3）新老路基结合部接触条件为完全连续。

（4）老路基和地基的初始应力场由老路基和地基的自重荷载产生。

（5）边界条件：如图 6-2 所示，地基底面两个方向均为约束，地基宽度外侧水平向约束，如双侧拓宽则进行对称性分析（路堤中心线处加对称约束）；地基宽度外侧及地表为透水边界，地基底面为不透水边界。

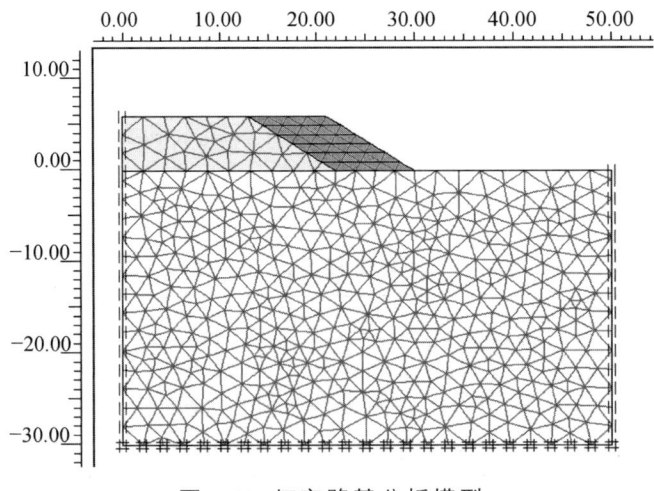

图 6-2 拓宽路基分析模型

6.3.3 拓宽路基模型计算流程：

（1）将新老路基单元设为空单元，对地基部分施加重力，实现地基自身重力作用下的地应力平衡。

（2）将老路堤转化为实体单元，施加重力，得到老路基自重荷载作用下的应力场。

（3）对路基与地基进行初始位移清零，实现在老路基和地基重力作用下的地应力平衡。

（4）模拟施工工程，当拓宽到某一层时将该单元转化为实单元，并施加重力，每步按照增量迭代法计算，得到施工结束后路堤顶面的沉降。

（5）计算施工完成后路堤顶面的沉降。

（6）整理沉降数据。新路基部分的不协调变形为新路堤荷载作用下的路堤顶面工后沉降，老路基部分的不协调变形则按照老路路面的利用原则分别进行整理。

6.3.4 半刚性沥青路面结构分析模型。

新老路基顶面不协调变形引起的路面结构附加应力的计算采用有限元法。如图 6-3 所示，分析路面结构对不协调变形的力学响应时采用三层体系，即面层、基层和底基层。

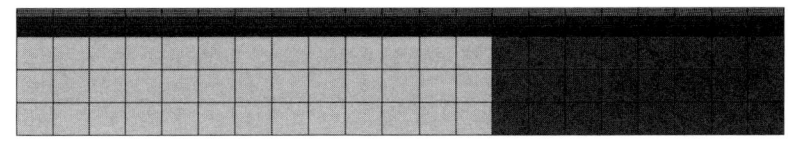

图 6-3 路面结构分析模型

计算中采用如下假定：

（1）路面各结构层为连续均质、各向同性的线弹性材料，力学特性用弹性模量 E 和泊松比 μ 表征，常用参数如表 6-2 所示。

（2）路面各结构层在垂直方向完全连续，层间不会出现脱空现象；沥青面层和基层、基层和底基层之间接触条件为完全连续，底基层和地基之间为光滑接触条件。

表6-2 典型路面结构和材料参数

层 位		材料名称	厚度 h/cm	动弹性模量 E_d/MPa	泊松比 μ	容重 γ_d/(kN/m³)
路面结构层	上面层	SMA-13	4	12 000	0.25	22
	中面层	AC-20	6	11 000	0.25	23
	下面层	AC-25	8	12 000	0.25	24
	基层	水泥碎石	32	6 000	0.25	26
	底基层	水泥土	10	3 000	0.25	15

（3）如图6-4所示，边界条件为在底基层底面竖直方向直接施加不协调变形，其他各边自由。

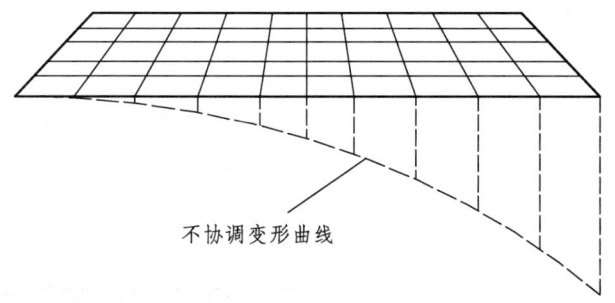

图6-4 平面有限元分析网格划分示意图

6.4 拓宽路基差异沉降控制标准

路面结构附加应力是由新老路基不协调变形引起的，而表征这种不协调变形的指标则是新老路基顶面的"变坡率"，即指设计使用年限内，路基顶面单位宽度内的横向坡度改变量。依据《公路路基设计规范》（JTG D30），既有路基与拓宽路基的路拱横坡度的工后沉降增大值不应大于0.5%。

6.5 路基的设计参数取值。

6.5.1 新老路基土的基本物理力学指标。

包括新老路基土颗粒粒径、容重、密度、塑限、液限、含水量，黏聚力及内摩擦角，土基 CBR 值、回弹模量等。测试方法严格按现行《公路土工试验规程》（JTG 3430）执行。

6.5.2 路面各结构层材料的设计参数。

各结构层材料的抗压回弹模量、泊松比、厚度，沥青混凝土和半刚性材料的抗拉强度等。按现行《公路沥青路面设计规范》（JTG D50）的规定测试。

6.5.3 拓宽范围内软土地基的设计参数。

如在平原软土地区，需要进行地基处理设计时，通过钻探、原位测试和室内实验的方法测定软弱土层的深度、含水量、塑性指数、液性指数、孔隙比、压缩模量、剪切强度、渗透系数等指标。按现行《公路软土地基路堤设计与施工技术细则》（JTG/T D31-02）测定。

6.5.4 其他设计参数。

对于不同的处治技术，应根据处治技术所选取的材料、施工工艺等确定其设计参数，在后面章节中详述。

6.6 拓宽路基稳定性分析。

6.6.1 拓宽路基的稳定性分析与新建路基相同，设计和分析方法详见相关设计规范《公路路基设计规范》（JTG D30）、《公路软土地基路堤设计与施工技术细则》（JTG/T D31-02）等。

6.6.2 新老路基结合最为特殊的情况是必须防止新路基沿结合面下滑，如图 6-5 所示。

验算前，应先判定滑动面的位置和形状，并通过调查分析或试验，取得较符合实际情况的可能下滑的计算参数（容重、单位黏聚力和内摩擦角）。若老路基抗剪强度比新路基高，则滑动面在路基内部为 ab，反之则为 cd（如图 6-5 所示）。

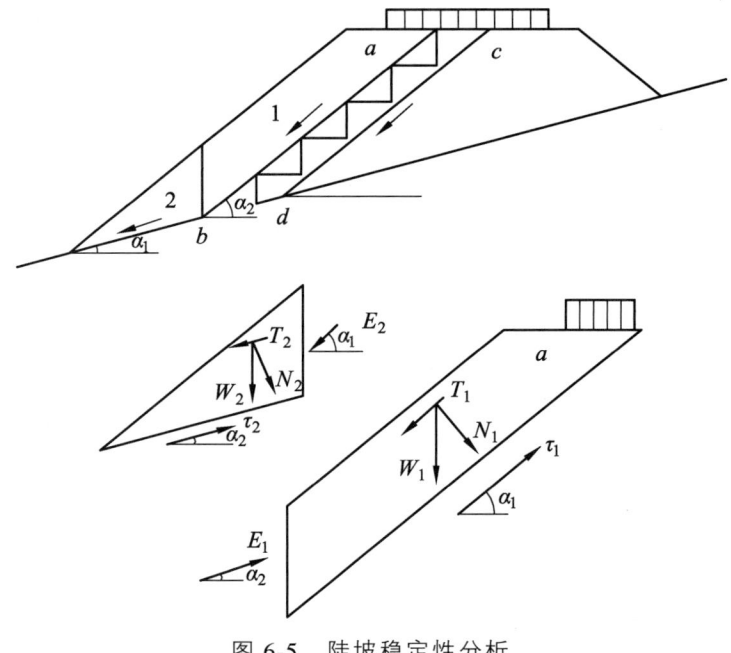

图 6-5 陡坡稳定性分析

将折线划分为几个直线段，路堤也按各直线段划分若干土体（如图 6-5 所示），从上侧山坡到下侧山坡，逐块计算每块土体沿直线滑动面的下滑力，按最后一块土体的剩余下滑力的正负值来判断路堤的稳定性。

第一块土体的下滑力可按式（6-7）算得：

$$E_1 = W_1 \sin\alpha_1 - \frac{1}{K}(W_1 \cos\alpha_1 \tan\varphi + cl_1) \tag{6-7}$$

E_1 平行于第一段滑动面。

随后各块土体的下滑力相应为：

$$E_n = [T_n + E_{n-1}\cos(\alpha_{n-1} - \alpha_n)] - \frac{1}{K}\{[N_n + E_{n-1}\sin(\alpha_{n-1} - \alpha_n)]\tan\varphi + cl_n\}$$

$$= W_n \sin\alpha_n + E_{n-1}\cos(\alpha_{n-1} - \alpha_n) -$$

$$\frac{1}{K}[W_n\cos\alpha\tan\varphi + E_{n-1}\sin(\alpha_{n-1} - \alpha_n)\tan\varphi + cl_n] \quad (6\text{-}8)$$

式中：角标 n-1 表示上一块土体。

若算得第 n 块土体的 E_n 为负值时，则可不列入下一块土体的计算。E_n 平行于各相应土块的滑动面。最后一块土体的下滑力为正值时，路堤即不稳定，需采取相应的稳定措施。

6.7 路基差异沉降和变坡率计算。

6.7.1 在一般拓宽工程的设计中，也可以按照 6.2 分层总和法计算出沉降极值，再对本《指南》所提出的"～"形曲线进行修正，近似地得出不协调变形。

6.7.2 按照 6.3 节所建立的路基计算模型和所示流程计算，模型中必须综合考虑土体的非线性、固结以及施工的过程。

6.8 路面结构力学响应分析。

6.8.1 按照 6.3 节所建立的路面计算模型计算路基不协调变形对路面结构产生的附加应力。采用基层的弯拉应力作为沥青路面的强度指标。

6.8.2 路面结构的承受能力判定标准为：

不协调变形引起的路面结构附加应力（+标准轴载荷载应力）≤半刚性基层设计弯拉强度。

6.9 拓宽路基设计流程图与步骤。

6.9.1 路基拓宽的设计流程图如图 6-6 所示。

6.9.2 路基拓宽的设计步骤：

（1）交通量调查分析。通过交通量调查分析设计使用年限内年交通量平均增长和标准轴载作用次数。

（2）地质水文调查分析。对旧路所经地段重新进行水文、地质调查，尤其是旧路上经常出现损坏的地段（如软基、水毁、滑坡、塌方等地段）。

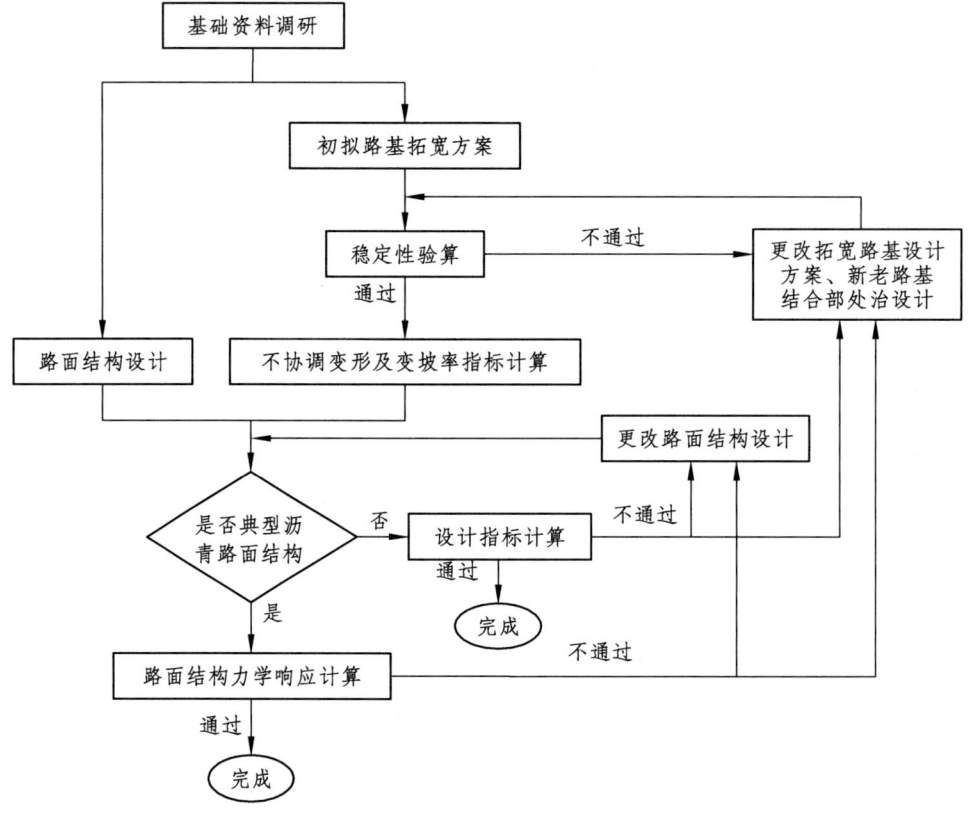

图 6-6　拓宽路基设计流程

（3）旧路状况调查。调查旧路面的弯沉值、基层强度以及破损状况，对其剩余强度进行评估，并进行必要的补强。如果旧路面状况良好，可以继续使用旧路面。

（4）在前几项工作的基础上，划分设计路段，并选定相应的路基拓宽方式和尺寸。

(5)选定横断面形式,并确定拓宽路基的三要素:宽度、高度(设计标高)、边坡坡度。

(6)进行新旧路基结合部的处治设计,并对新填路基的稳定性与路基的整体稳定性进行验算。

(7)对软弱地基还应进行地基处理设计。

(8)运用数值分析方法进行路基顶面的不协调变形分析,确保新老路基顶面的变坡率控制在容许范围内。如果不协调变形满足变坡率要求,则在此基础上进行路面结构设计,并分析路面结构对不协调变形的力学响应。

(9)结合原有路基、路面排水系统进行排水设计。

6.10 根据 6.9 计算分析结果,按照处治措施的部位和处治机理来划分,可以将不协调变形的控制技术划分为四大类,即路面内部处治、路基内部处治、外部处治和综合处治,如表 6-3 所示,其适用性如表 6-4 所示。

表 6-3 新老路基差异变形处治技术分类

处治部位	处治技术或方式
路面内部处治	增加路面厚度
	提高抗变形能力(加筋、设置网片等)
路基内部处治	结合面处理
	填料及压实控制
	路基加筋
	轻质路堤
外部处治	地基处理
	支挡结构
综合处治	设置分隔带
	完善排水系统
	过渡性路面
	内、外部综合处治

表 6-4 针对差异变形来源的处治技术及适用条件

拓宽路基差异变形主要来源	处治技术	适用条件
新路基作用下地基的固结沉降	采取换填、抛石挤淤、复合地基等处理结合部地基，新路基采用泡沫轻质土材料	不良地质条件下的路基拓宽、高填路堤等
新老路基结合部结合强度不足	老路边坡覆土处理、台阶开挖、液压夯补强，结合部设置土工格栅等	老路边坡土受自然风化等作用强度较低，新老路基拼接困难
新老路基的自身压缩变形	优选新路基填料，提高压实度，新路基采用泡沫轻质土	地质条件较好的路基拓宽
上述几种因素的组成	上述处治技术综合使用，同时考虑设置挡墙、路面辅助处治技术和完善排水系统等	各种不良地基、路基以及结合面条件

7 改扩建公路地基处理技术

7.1 拓宽部分地基处理方法的选取应考虑以下几个因素：

（1）拓宽部分的地基状况。

地基的土质以及不良土层的构成（厚度、排水层等）条件。

（2）拓宽道路的性质。

拓宽改建道路的等级、对不协调变形的要求，拓宽路基的高度和宽度，是否与周围挡墙、桥涵等构筑物连接。

（3）施工条件。

工期、材料供应、施工机具的作业条件等。

（4）对周围环境的影响。

① 对老路基和其他邻近建筑物的扰动，按设计和规范的要求在老路基适当位置布设观测点，进行稳定和沉降监测。

② 施工中的噪声、污染对周围环境的影响。

（5）各种地基处理方法的适用条件、优点及局限性。

道路拓宽改建工程常用的地基处理方法、原理及适用条件如表 7-1 所示。在实际拓宽改建工程中应根据上述因素经过技术、经济比选后选择最优的地基处理方法。

7.2 拓宽部分地基处理方法的设计步骤和流程。

7.2.1 拓宽部分地基处理的设计步骤：

（1）根据拓宽路基的宽度和高度确定地基的处理范围。

（2）选择合理的地基处理方法。

（3）按与新建路基相同的方法验算新老路基稳定性和沉降量。

（4）按本《指南》提出的方法验算新老路基的不协调变形。

（5）如（3）、（4）不能满足，更改地基处理方法，或者调整设计参数或材料性能，再重新计算。

表 7-1 拓宽公路不良地基常用处理方法

地基处理方法		原理	适用条件
换填法		把拓宽路基基底下一定浅层范围内的不良地基土部分或全部挖出,用砂、碎石、灰土、矿渣等强度高、渗透性好的粒状材料回填,可以增加结合部地基表层强度,防止地基局部剪切变形	结合部地基由厚度小于 3 m 的不良土组成且易于挖出,拓宽路基填筑高度较低
液压夯法		使用液压装备将夯锤进行快速下落及重复上升的机械运动,通过装载机或者挖掘机配套装置的牵引下,能够快速更换夯实位置,可以降低结合部路基的沉降,提高路基的强度和稳定性	适用于地下水位低于启夯面 1.5 m 且对振动有限制的碎石填土、杂填土、素填土、砂土、粉土、一般黏性土、湿陷性黄土等路基的浅层加固,加固深度不宜大于 5.5 m
抛石挤淤法		采用不易风化的石料强迫使淤泥向两旁挤出,提高地基承载力	适用于软土层位于水下 3 m 内,稠度远超过液限,呈流动状态的路段,淤泥较厚时慎用
复合地基	粒料桩	使用振冲器在高压水流作用边振边冲在地基中成孔,在孔内填入碎石、卵石等粗粒料且振密成碎石桩。碎石桩与桩间土形成复合地基,具有桩柱、垫层、排水的作用,以增强地基承载力,提高新老路基的压缩模量比	适用范围广泛,如黏性土、粉土、饱和黄土和人工填土地基等,拓宽路基高度较大
	粉喷桩	依据物理化学原理,利用机械设备将具有固化和抗渗透性能的水泥粉灌入地基土体的间隙(孔隙或裂隙等)或结构面内,并使之在一定范围内扩散和固化,以达到提高拓宽地基强度、降低渗透性、改善地基物理力学性质的一种方法	拓宽范围为天然含水量大于 30%的淤泥质土、黏性土和粉性土地基,加固深度不宜大于 15 m

续表

地基处理方法		原理	适用条件
复合地基	CFG桩	CFG桩是由水泥、粉煤灰、碎石、石屑或砂加水拌和形成的高黏结强度桩，和桩间土、褥垫层一起形成复合地基。通过褥垫层与基础连接，无论桩端落在一般土层还是坚硬土层，均可保证桩间土始终参与工作。由于桩体的强度和模量比桩间土大，在荷载作用下，桩顶应力比桩间土表面应力大。桩可将承受的荷载向较深的土层中传递并相应增加了桩间土承担的荷载	适用于处理黏性土、粉土、砂土和桩端具有相对硬土层、承载力标准值不低于70 kPa的淤泥质土、非欠固结人工填土等地基
	管桩	将桩体强度较大的高强空心管桩通过静压或锤击贯入的方式打入到深部土层中，将上部的荷载通过桩体传递到下部压缩性小、强度高的持力层，桩体进入土体的过程中，一方面挤压周围土体，使桩周围土体得到强化，另一方面桩身代替土体，提高土体强度，并与桩帽以及桩顶褥垫层形成复合地基	对持力层起伏变化大的地质条件适应性强，适用于素填土、杂填土、淤泥质土、粉土、黏性土、稍密及中密的砂土等场地

（6）按设计要求施工，完成后进行质量检测，如不满足要求，采取补救措施，重复步骤（5）。

（7）施工条件、机具、材料的控制和选择。

7.2.2 新老路基结合部地基处理设计流程图如图7-1所示。

7.3 垫层及浅层处理技术。

7.3.1 垫层及浅层处理技术适用于处理拓宽路基地表下0.5~3 m的含水量较高的软弱不良土地基，且不良土易于挖出，拓宽路基填筑高度较低。

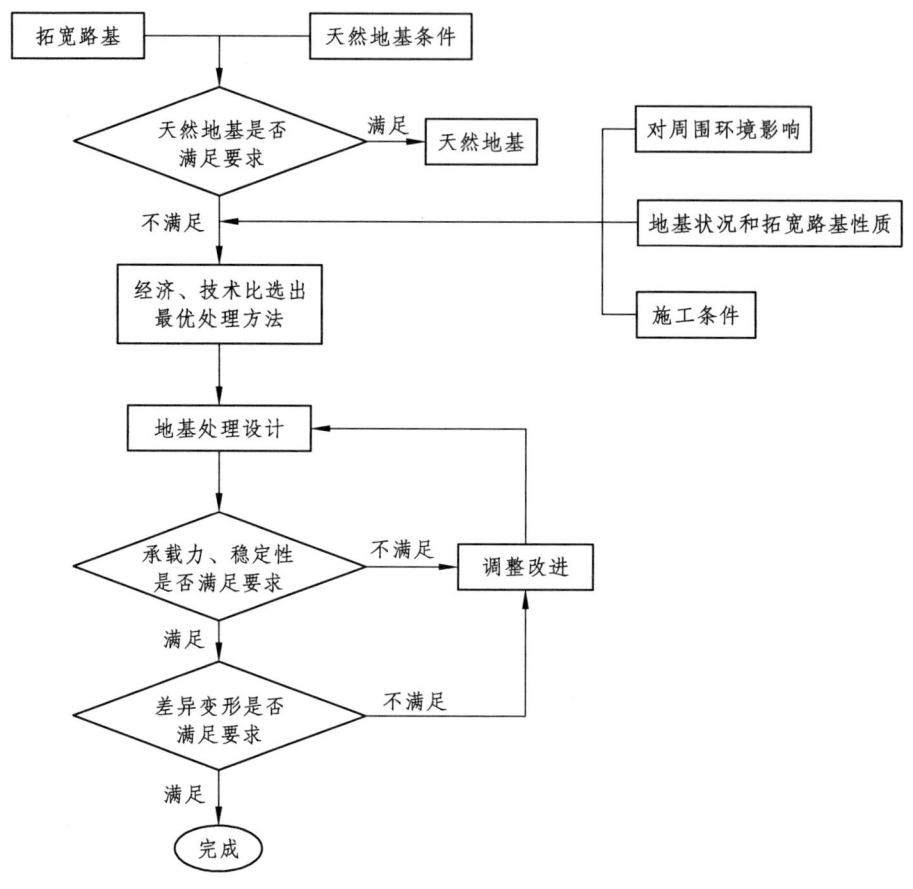

图 7-1 结合部地基处理设计流程

7.3.2 垫层施工一般应分层铺填、分层压实、分层质量检验。施工时最优含水量、铺设与压实厚度、压实遍数等，应根据各类施工机具与设计要求通过现场试验确定。

7.3.3 在垫层与浅层处理新老结合部的基底时，常用的换填材料主要有砂（砾）、石渣、石灰土等。换土垫层施工示意图如图 7-2 所示。

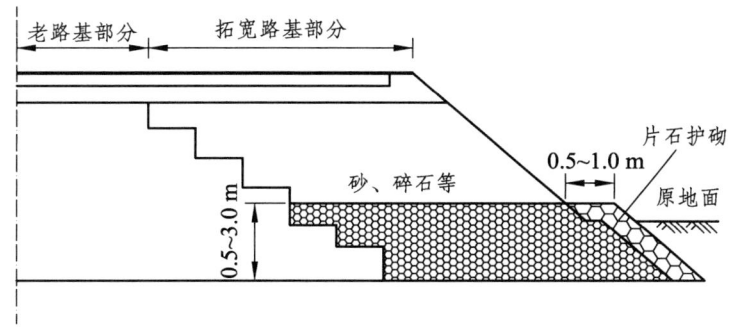

图 7-2 换填土层施工示意图

7.3.4 砂垫层法。

1. 材料要求

砂垫层材料宜采用中砂及粗砂,不得含有草根、垃圾等有机杂物,不准掺有细砂及粉砂,且含泥量不应超过 5%,碎(卵)石最大粒径不应大于 5 cm。

2. 设计要点

(1)砂垫层施工关键是将砂加密到设计要求的密实度。常用的加固方法有振动法(包括平振、插振、夯实)、水撼法、碾压法等。这些方法要求分层铺砂,然后逐层密实或压实,分层的厚度视振动力的大小而定,一般为 15~20 cm。

(2)无论采用何种施工方法,在施工过程中,都应避免对原表层土过大扰动,以免造成砂和原地基土混合。

(3)砂砾垫层无明显粗细料分离,最大粒径不应大于 5 cm。

(4)砂垫层宽度应宽出新路基外侧边脚 0.5~1.0 m,并以片石护砌或采用其他方式防护,以免砂料流失。

(5)碾压施工时,砂垫层的最佳含水量一般控制在 8%~12%。

3. 施工方法

（1）当拓宽路基地基表层有一定厚度的硬壳层，其承载力较好，能上一般运输机械时，一般采用机械分堆摊铺法，即先堆成若干砂堆，然后用机械或人工摊平。

（2）当硬壳层承载力不足时，一般采用顺序推进摊铺法。

（3）当地基表面很软时，如新沉积或新吹填不久的软弱地基，首先要改善地基表面的持力条件，使其能上施工人员和轻型运输工具。工程上常采用如下措施：

① 地基表面铺设荆芭。

② 表面铺设塑料编织网或尼龙纺织网，纺织网上再摊铺砂垫层。

③ 表面铺设土工合成材料，土工合成材料上再铺排水垫层。

④ 采用人工或轻便机械顺序推进铺设，常用的有以下两种：a.用人力手推车运砂铺设；b.用轻型小翻斗车铺设。

7.3.5 换填石渣。

1. 材料要求

石渣施工控制指标为粒径不大于 20 cm（水田段不大于 30 cm），含土量不大于10%，5 mm 以上的粒径不小于70%。压碎值 20 MPa。

2. 设计及施工要点

（1）填筑石渣每层厚度不大于 40 cm（水田段 50 cm），超过 40 cm 应分层填筑。

（2）单层施工方法：推土机推平石渣，压实机械采用 40 T 拖式振动碾，先静后振，先轻后重，强化振压 6 遍。

（3）双层或多层施工方法：第一层铺筑 40 cm，碾压顺序为：使用推土机粗平，并排压 2~3 遍；采用 18 T 振动压路机静压 3 遍，振压 3 遍；

平地机精平，18 T 振动压路机静压 3 遍；铺第二层石渣，使用 YCT2025T 冲击碾压，碾压 20 遍，进行路基正常填筑。

（4）检验标准：石渣外观表现紧密，无松散，无轮迹，再次碾压标高无显著变化，则认为石渣碾压结束。

7.3.6 石灰土垫层。

1. 材料要求

（1）石灰。在施工现场用作灰土的熟石灰应予过筛，其粒径不得大于 5 mm。熟石灰中不得夹有未熟化的生石灰块，也不得含有过多的水分。一般常用的熟石灰粉末其质量应符合Ⅲ级以上的标准，活性 CaO+MgO 含量不低于 50%，如果拌制强度较高的灰土，宜选用Ⅰ或Ⅱ级石灰。当活性氧化物含量不高时，应相应增加石灰的用量。石灰的储存时间不宜超过 3 个月。

（2）土料。通常采用黏性土（土塑性指数大于 4）拌制灰土，其团粒不得大于 50 mm，否则应予粉碎。

（3）石灰用量。一般情况下 2∶8～3∶7 的灰土比可作为最佳配比。

（4）当采用石灰、粉煤灰垫层时，施工最佳含水量为 50%左右，石灰掺入量以 15%～20%为宜，压实系数在 0.94～0.97 时，干土密度为 940～970 kg/m^3。

2. 设计与施工要点

（1）灰土垫层施工前必须对下卧层地基进行检验，如发现局部软弱土坑，应挖除，用素土或灰土填平夯实。

（2）施工时应将灰土拌和均匀，控制含水量，如土料水分过多应晾干，不足时应洒水润湿。一般可按经验现场直接判断，其方法为手捏灰土成团，两指轻捏即碎，或落地粉碎，这时，灰土基本上接近最佳含水量。

（3）掌握分层松铺厚度，按采用的压实机具现场试验来确定，一般情况下松铺 30 cm，分层压实厚度为 20 cm。

（4）压实后的灰土应采取排水措施，3 天内不得受水浸泡。

（5）灰土垫层铺筑完毕后，要防止日晒雨淋，及时铺筑上层拓宽路基。

7.3.7 水泥土垫层

1. 材料要求

（1）土样应进行颗粒级配、天然含水率、液限、塑限等性能的试验，以了解土质的基本情况，并对土样进行工程分类。有特殊要求时，可增加土样其他相关性能的试验。

（2）水泥土拌制宜采用强度等级 32.5 以上的普通硅酸盐水泥，有抗侵蚀性要求时，宜采用抗硫酸盐水泥。水泥质量应符合现行国家标准要求。

（3）当水泥土需掺入石灰时，宜选用氧化钙和氧化镁含量总和大于 85%，其中氧化钙含量不低于 80% 的生石灰。

（4）配制水泥浆用水宜用饮用水。采用其他水源时，应经有机质含量、pH 值等方面性能检验合格后方可使用。

（5）外加剂及掺合料质量应符合国家现行标准要求。

2. 设计与施工要点

（1）水泥土工程施工方法分为湿法和干法。当采用湿法时，所配制水泥浆的水灰比宜取 0.4~1.3。

（2）水泥土水泥掺入比宜取 10%~25%。

（3）水泥土的标准强度评定以 90 天的无侧限抗压强度为准。

（4）具有抗冻或抗侵蚀要求的水泥土，应进行冻融或抗侵蚀试验，且试验后其无侧限压强度损失率不得大于 25%。

（5）水泥与土料的拌和要充分、均匀。施工中严格控制土的含水率，以 15%～20%为宜，对局部出现的弹簧土，应采取挖开晾晒、换土、掺石灰或粒料等措施进行处理。

（6）基槽排水工作要到位，井点降水与明沟排水相结合，要控制掺水，保证水泥土的适宜含水量。

（7）施工温度较低时应采取保护措施，加强覆盖保温，防止霜冻破坏土体结构；同时对已填筑完成的水泥土应洒水覆盖保温养护。

（8）掌握分层松铺厚度，按采用的压实机具现场试验来确定，一般情况下松铺 30～40 cm。

（9）因故间断施工时进行洒水养护，恢复施工后将新老结合面倒毛后再继续施工。

（10）水泥土垫层铺筑完毕后，要防止日晒雨淋，确保土料的含水量不会有太大变化，及时铺筑上层拓宽路基。

7.3.8 液压夯浅层处治法。

1. 施工方案设计

（1）液压快速夯实路基，应根据被加固土的类别、厚度、基础形式和上部荷载要求，设计夯实后路基承载力特征值和有效加固深度。

（2）夯击能分 3 个等级：轻型（12～30 kJ）、中型（36～60 kJ）、重型（84～108 kJ）。点夯能量应根据加固深度及土质类别等条件确定，满夯能量应不低于点夯能量的 1/2。

（3）液压快速夯实路基有效加固深度，应根据现场试夯或地区经验确定，在缺少资料或经验时，可按表 7-2 预估。

（4）夯击次数应通过试夯确定，单夯点累计夯击次数不宜少于 30 击。

（5）夯击点位置可根据基础底面形状，采用等边三角形、等腰三角形或正方形布置。

（6）夯点间距宜为锤脚直径的 1.5～2.0 倍，轻型能级夯点间距宜取小值，重型能级夯点间距宜取大值。

表 7-2　液压快速夯实路基有效加固深度预估值　　　　单位：m

单击夯击能 E/kJ	填土路基（碎石填土、杂填土、素填土、砂土等）	天然路基（粉土、一般黏性土、湿陷性黄土等）
$E<36$	1.5～2.0	1.2～1.5
$36 \leqslant E<84$	2.0～3.5	1.5～3.0
84	3.5～4.5	3.0～4.0
108	4.5～5.5	4.0～5.0

注：当所需加固深度超过设备能力时，可采取分层夯实的方法。

2. 施工技术要点

（1）施工前，应查明场地内外、地上地下建（构）筑物和各种地下管线的位置及埋深，必要时应采取有效的保护措施。

（2）加固深度较小的杂填土、素填土、砂土、碎石填土等可按点夯、满夯各一遍的方法施工；加固深度较大的填土、湿陷性黄土，粉土、黏性土等，可采取隔点或隔行的方法施工；对于含水量较高的黏性土，应采取多遍点夯的方法施工。

（3）在建（构）筑物室内外处理回填土时，锤脚边缘与墙、柱的安全距离，中型能级不得小于 1.0 m，重型能级不得小于 1.5 m。回填土分层的厚度宜薄、能量宜小、夯击次数宜少，应对墙、柱进行变形观测。

（4）对于饱和黏性土，两遍夯击间隔时间不宜少于 14～21 d；对于非饱和黏性土、粉土、湿陷性黄土，间隔时间不宜少于 7 d；渗透性较好的碎石填土、杂填土、砂土等，可连续夯击。

（5）满夯的夯击次数不宜低于 6～9 击，并使锤脚互相叠压 1/4 直径。满夯时的锤脚直径宜大于点夯。

(6)夯坑较浅时可采取一遍满夯,当夯坑较深时应采取两遍满夯。

(7)在确定夯击面高程时,应综合考虑场地平均夯沉量和保护层厚度,场地平均夯沉量应通过试夯确定,可按 20~50 cm 控制;夯后路基的保护层厚度可按 20 cm 控制。

(8)冬期地表有冻层时,应增加夯击次数;雨期施工应当采取有效的防、排水措施。

(9)夯后路基严禁轮式车辆碾压。

7.4 抛石挤淤。

7.4.1 抛石挤淤一般用于处理结合部地基厚度小于 3.0 m 的泥沼及软弱土层,这种方法适用于软土层位于水下,更换土壤施工困难或基底直接落在含水量极高的淤泥中,稠度远超过液限,呈流动状态的路段。抛石挤淤施工示意图如图 7-3 所示。

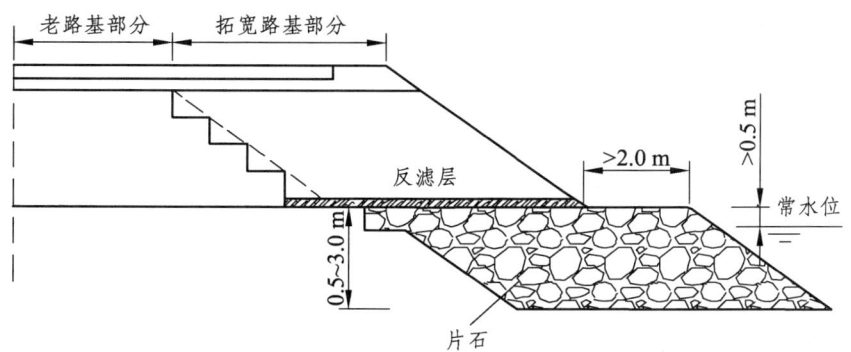

图 7-3 抛石挤淤施工示意图

7.4.2 抛石挤淤应符合下列要求:

(1)使用不易风化的石料,片石大小随泥炭稠度而定。对于容易流动的泥炭或淤泥,片石宜稍小些,但不宜小于 30 cm,且小于 30 cm 粒径含量不得超过 20%。

（2）当软弱土层平坦时，抛投应沿老路路基坡脚抛填，再逐渐向拓宽外侧扩展，使淤泥向外挤出。抛石时应从下卧层高的一侧向低的一侧扩展，使低的一侧适当高度范围内多抛一些，并使低侧边约有 2 m 宽的平台顶面，以增加其稳定性。

（3）片石抛出软弱土层面后，应用较小石块填塞垫平，用重型机械碾压密实，抛填片石顶面应高出常水位至少 50 cm，然后宜在其上铺设土工织物等反滤层，再填筑新路基。

7.4.3 质量检测与控制：

（1）垫层质量检验包括：分层施工质量检查和工程质量验收。

（2）分层施工的质量标准应使垫层达到设计要求的密实度，各类垫层的标准如下：

砂垫层的干重度：中砂 $\geqslant 16$ kN/m^3，粗砂根据经验适当提高。

灰土垫层的压实系数一般应达到 0.93~0.95。

（3）砂垫层的分层施工质量可选用下列方法检测：

环刀压入法：环刀容积 $2\times10^6 \sim 4\times10^6$ mm^3，径高比 1:1。取样前测点表面应刮去 30~50 mm 厚的松砂，并采用定向筒压入。

贯入法：采用直径 $\phi 20$ mm，长度 1.25 m 的平头光圆钢筋，自由贯入高度为 700 mm，并应使钢筋垂直下落。符合质量控制要求的贯入度值根据砂样品种通过试验确定。

（4）测点布置：

面积 $\leqslant 300$ m^2 时，环刀法为 30~50 m^2 布置 1 个，贯入法为 10~15 m^2 布置 1 个；面积 >300 m^2 时，环刀法为 50~100 m^2 布置 1 个。

（5）换填结束后，可按工程的要求进行垫层的工程质量验收，验收方式可通过荷载试验进行。在有充分试验依据时，也可采用标准贯入试验或静力触探试验。

（6）当有成熟试验表明通过分层施工质量检验能满足工程要求时，也可不进行工程质量的整体验收。

7.5 复合地基。

7.5.1 复合地基主要包括碎石桩、粉喷桩、水泥搅拌桩等。新老路基结合部采用复合地基结构示意图如图7-4所示。

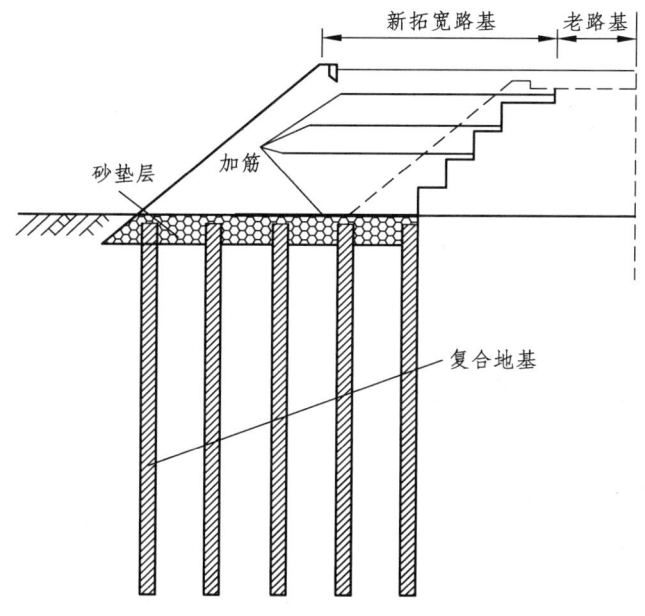

图7-4 复合地基结构示意图

7.5.2 设计原则。

（1）适用条件

各种复合地基主要是通过竖向增强体来提高拓宽路基部分地基的承载力和压缩模量，施工过程中对老路基地基影响较小，因此，对路基拓宽工程比较适用。

（2）桩长

应根据软弱土层的性能、厚度或工程要求按下列原则确定：

① 当相对硬层深度不大时，桩应打到相对硬层。

② 当相对硬层深度较大时，应经沉降、稳定验算确定。对沉降计算，加固深度应满足新老路基结合部不协调变形容许值；对稳定计算，加固深度应不小于最危险滑动面深度。

③ 桩长不宜短于 4 m。

（3）桩径

复合地基桩的直径应根据地基土质情况和成桩设备等因素确定。采用振冲法成桩时碎石桩桩径一般为 0.70~1.0 m；采用沉管法成桩时，碎石桩和砂桩的桩径一般为 0.30~0.70 m，对饱和黏性土地基宜选用较大直径。

（4）布置形式

复合地基桩位宜采用正方形或梅花形（等边三角形）布置，桩的间距一般为 1.5~3.0 m，且相邻桩间距不应大于 4 倍桩径。

复合地基处理方法的设计流程图如图 7-5 所示。

7.5.3 复合地基成桩试验

采取复合地基处理新老路基结合部地基前，应选取典型拓宽路段进行制桩试验和必要的测试，以便确定主要的技术参数。以比较常用的碎石桩和粉喷桩为例：

（1）碎石桩

记录冲孔、清孔、制桩时间和深度、冲水量、水压、压入碎石量及电流的变化等，以选定科学合理的施工技术参数，包括桩长、水压、密实电流、留振时间及填料量等。

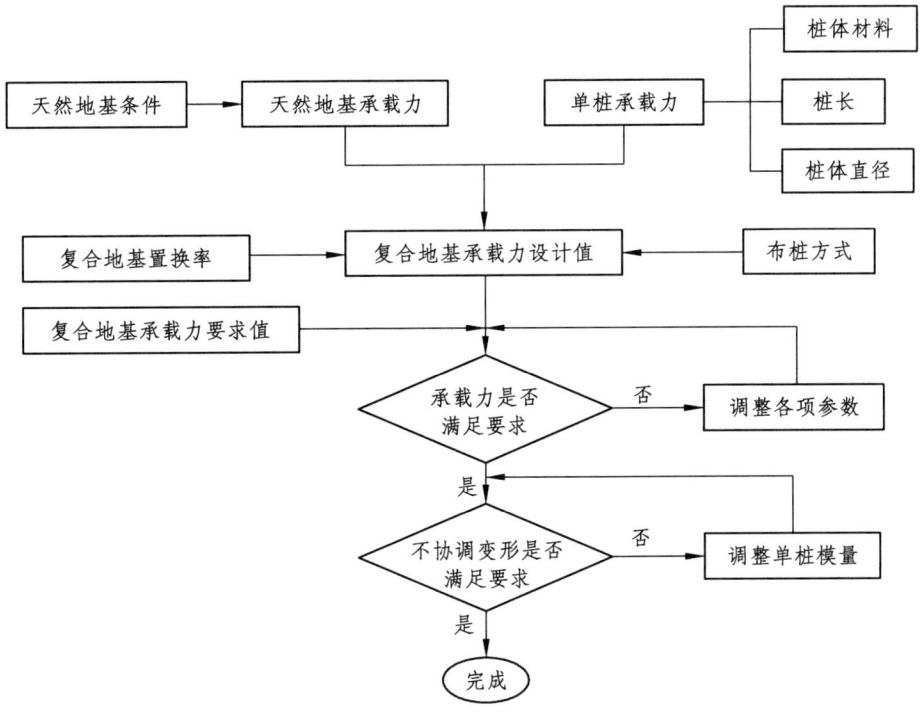

图 7-5　复合地基处理方法设计过程

（2）粉喷桩

试桩不应小于 5 根，满足设计喷粉量的各种技术参数，如钻进速度、提升速度、搅拌速度、喷气压力、单位时间喷入量等，确定搅拌的均匀性，掌握下钻和提升的阻力情况，选择合理的技术措施。

7.5.4　碎石桩

1. 材料要求

填料：应由未风化的干净砾石或轧制碎石组成，粒径宜为 20～50 mm，含泥量不应超过 10%。

水：一般可饮用水。

2. 施工机械

主要的施工机具有振冲器、起吊装置、泵送输水系统、控制操作台等。

选择振冲器应考虑桩径、桩长及加固工程对老路基的影响。应配备适用的供水设备，出口水压应为 400～600 kPa，流量 20～30 m^3/h。起重机械起吊能力应大于 100～200 kN。

3. 施工工艺及施工要点

（1）施工流程

场地平整→测量放线→整冲器定位→成孔→清孔→加料整密→关机停水→整冲器移位。

（2）施工工艺

① 定位：起吊振冲器并对准设计的加固点，检查水压、电压和振冲器的空载电流是否正常。

② 成孔：打开水源并启动振冲器，使其在压力水冲击作用和振动作用下贯入地下层至设计深度，下降速度控制在 1～2 m/min。

③ 清孔：成孔后孔内泥浆稠度大，为使其顺利排出，振冲器应在孔底停留约 1 min，借助压力水将稠浆排出。

④ 制桩：采用连续加料法自下而上逐段制桩，每次填料数量根据土质条件而定，一般在填入孔内 1 m 高后将振冲器沉至填料中振实，填料时振冲器不宜提出孔口，但仍需振动和射水，但水压适当减小，一般为 200～300 kPa。当振冲器工作电流达到密实电流时迅速提起，再继续加料和振实直至达到孔口位置。

⑤ 施工顺序：公路拓宽改建中碎石桩的施工一般采用从老路坡脚向拓宽外侧的施工顺序，同一排可采用间隔跳打的方式施工。

⑥ 关机、停水并移位至下一桩位，同时做好施工记录。

（3）施工要点

① 填料要分批加入，不宜一次过量，并保证试桩标定的装料量，一般制作最深桩体时用量偏高，每一深度的桩体在未达到规定的密实电流时应继续加料和振捣，以防止发生断桩或缩颈等事故。

② 碎石桩施工电压一般应稳定在（380±20）V。

③ 应控制加料振密过程中的密实电流，密实电流的规定值根据现场制桩试验定出，宜为潜水电动机的空载电流加上 10~15 A，或约为额定电流的 90%，严禁在超额定电流下作业。

④ 应严格控制水压、电流和振冲器在固定深度位置的留振时间，水压视土质及其强度而定，一般对强度较低的软土应较小，反之较大；成孔时宜大，制桩振密时宜小；水量要充足，使孔内充满水，以防塌孔；振冲器在固定深度的留振时间宜为 10~20 s。

7.5.5 粉喷桩。

1. 材料要求

（1）水泥宜采用普通水泥或矿渣水泥，应是国家免检厂生产，具有出厂质量保证单，并确保在有效期内使用。

（2）严禁使用过期、受潮、结块变硬的劣质水泥，施工单位对国家非免检厂生产的水泥应分批提供有关强度等级、安定性等试验报告。

2. 施工机械

施工机械主要有钻机、粉体发送器、空气压缩机、搅拌钻头、计量装置等。施工机械的选用可参考相应机械的技术参数。

3. 施工工艺及施工要点

（1）施工流程

整平原地面→钻机定位→钻杆下沉钻进→上提喷粉→强制搅拌→复

提→提杆出孔→钻机移位。

（2）施工工艺

① 放样：按设计文件规定的桩位平面布置位置和间距放样定位。

② 定位：按设计的桩位和钻孔作业线路，移动钻机，准确对位。对位误差不得大于 50 mm。调平钻机，钻机主轴垂直度误差应不大于 1%。

③ 钻进：启动主电动机，正转预搅下沉。同时，打开送气管路向钻具内喷射压缩空气。钻至接近设计深度时，应用低速慢钻，钻机应原位钻动 1~2 min 后，再关闭送气管路，打开送料管路和给料机开关。

④ 提升喷粉搅拌：在确认加固料已喷至孔底时，按 0.5 m/min 的速度反转，边搅拌、边提升。当提升到设计停灰标高后，应慢速原地搅拌 1~2 min。

⑤ 为防止空气污染，在提升粉喷距地面 0.5 m 处应减压或停止喷粉。在施工中，孔口应设喷灰防护装置。

⑥ 钻具提升地面后，停止钻机、空压机、移位，按上述步骤进行下一桩位的施工，同时做好施工记录。

（3）施工要点

① 粉喷桩施工应根据成桩试验确定的技术参数进行，操作人员应随时记录压力、喷粉量、钻进速度、提升速度等有关参数的变化。

② 桩身根据设计要求在一定深度即在地面以下 1/2~1/3 桩长并不小于 5 m 的范围内必须进行重复搅拌，使固化剂与地基土均匀拌和。

③ 施工机具设备的粉体发送器必须配置粉料计量装置，并记录水泥的瞬时喷入量和累计喷入量。严禁无粉料喷入计量装置的粉体发送器投入使用。

④ 施工中，发现喷粉量不足，应整桩复打，复打的喷粉量应不小于

设计用量。如遇停电、机械故障等原因喷粉中断时必须部分复打,复打重叠长度应大于 1 m。

⑤粉喷搅拌桩施工完毕后,需养生 1 个月,达到设计强度后才能填筑新路基。

7.5.6 CFG 桩。

1. 材料要求

(1)混凝土、混凝土外加剂和掺合料、缓凝剂、粉煤灰等,均应符合国家相应标准要求,其掺量应根据施工要求通过实验室确定。

(2)严格按照配合比配置混合料。

(3)长螺旋钻孔、管内泵压混合料灌注成桩施工的坍落度宜为 160~200 mm,振动沉管灌注桩成桩施工的坍落度宜为 30~50 mm,振动沉管灌注成桩后桩顶浮浆厚度不宜超过 200 mm。

2. 施工机械

主要有配置长螺旋钻机或振动沉管打桩机、发电机、混凝土输送泵、装载机、自卸汽车、挖掘机、混凝土罐车。

3. 施工工艺及施工要点

(1)施工流程

施工准备→原地面处理→测量放线及复核→桩机就位→钻孔至设计深度→泵送 CFG 桩混合料→混合料注满后,按规定速度边泵送边提升钻杆到达地表→终孔→钻机移位至下一桩位。

(2)施工工艺

路基 CFG 桩施工根据施工工艺,可分为七区段组织流水施工,分别为:施工准备区、测量放样区、桩基施工区、桩间土清除区、桩头环切区、桩基检测区、桩帽施工区。

①施工准备区：清除路基范围内原地面表层植被，挖除树根，在部分现场地形起伏较大、横坡较明显区域。在确定CFG桩顶标高时，要结合排水沟高程，确保在CFG桩施工过程中及施工完成后水经过褥垫层过滤后通过CFG桩顶面排至路基两侧排水沟内。基底按设计要求施作路拱，并在路基两侧做好临时排水沟，保证排水通畅不积水。场地平整完毕后，采用压路机碾压，以满足长螺旋钻机自重和抗钻机倾倒的要求。

②测量放样区：CFG桩的定位以涵洞轴线为中心线向两侧对称布置，每10 m一个断面按照左中右三个点放出桩位，然后前后左右带线按照设计桩距精确量出每根桩的位置，用白灰线撒出十字网格线并在桩位中心插入木筷确定桩位，再在每个桩位处以木筷为中心用白灰线画圆圈帮助精确定位，测量放样完成后，要对操作手进行要求，按规定路线进行移机，防止破坏桩位标识点。

③桩基施工区：现场施工过程中技术人员要全程旁站、认真记录，严格按试桩总结各项参数进行现场控制。钻机准确就位后使钻杆垂直对准桩位中心，钻进过程中一般为先慢后快，当钻头到达设计桩长预定标高时根据钻机塔身处标记，确认钻进深度，并及时记录电流值。如遇因地质原因桩长打不到设计长度或桩底岩质与设计不符时，及时联系设计人员，以确定桩长。采用秒表严格控制拔管速度，并如实记录，拔管应连续，混凝土泵送也必须连续，混凝土应灌注全设计CFG桩顶标高以上50 cm，先停机再停止泵送混凝土，以保证桩顶混凝土密实。

④桩间土清除区：混合料龄期达7 d后进行桩间土开挖、清理。清理时采用小型挖掘机配合人工进行，现场开挖时指定专人进行现场指挥，施工过程中严禁挖掘机碰撞桩头，以免造成断桩，桩间土采用人工清理干净。

⑤桩头环切区：通过测量挂线确定每根桩的桩顶设计标高，并在桩

头用红油漆或墨线进行标识。桩头破除采用环切工艺以尽量减小对桩头的扰动形成浅层断桩的情况，每边切入深度不小于 15 cm，切完后在桩头切缝处同一水平面按同一角度插入 3 根钢钎，用锤击打将桩头截断，再用钢钎铁锤将桩头从四周向中间修平，在环切过程中注意工人的防护工作，配备防护镜及手套。

⑥ 桩基检测区：成桩 7 天后对 CFG 桩采用低应变动力试验检测，检测数量为总桩数的 10%，且每工点不低于 3 根。成桩 28 天后采用复合地基载荷试验进行承载力检验，检验数量为桩数的 2%，且每工点不小于 3 根。成桩 28 天后在桩体中心处，桩长范围内垂直钻孔取芯，观察桩体完整性与均匀性，拍摄照片，在桩身上中下取不同深度的不少于 3 个试样做抗压强度试验，检验数量为桩数的 2%，且每工点不小于 3 根。

⑦ 桩帽施工区：桩帽施工前要进行桩间土的平整、压实，并加强场地的排水；桩帽模板采用组合钢模板，确保不变形，保证桩帽成品质量；测量挂线确定模板四角位置，保证桩头位于桩帽中心位置；控制好桩头标高，保证桩头深入桩帽不小于 5 cm；桩帽混凝土施工完成后表面必须收光保证外观质量，并及时用土工布覆盖养护。桩帽施工完成后，回填桩间土采用细粒土回填，回填土分两次填筑，每层采用小型压路机进行压实，每层压实厚度不小于 10 cm，不高于 20 cm，压实质量满足设计要求。

（3）施工要点

① 对于较硬的土层，不宜选用振动沉管法，防止在施工过程中，破坏土的结构，影响地基承载力。

② 要选择适合的混合料坍落度，否则会造成堵管或混合料离析。

③ 长螺旋钻孔、管内泵压混合料成桩施工在钻至设计深度后，应准确掌握提拔钻杆时间，混合料泵送量应与拔管速度相配合，遇到饱和砂

土或饱和粉土层，不得停泵待料；沉管灌注成桩施工拔管速度应按匀速控制，拔管速度应控制在 1.2~1.5 m/min，如遇淤泥或淤泥质土，拔管速度应适当放慢。

④按照摩擦桩以桩长控制为主，瞬间电流值控制为辅，端承桩必须按照瞬间电流值控制为主，桩长控制为辅的原则控制桩长。

⑤做到一机一人旁站，检查桩位的偏差、钻杆的垂直度，控制钻孔深度及混凝土灌注速度，保证混凝土供应及时不间断。检查成桩瞬间电流值，确保施工成桩瞬间电流值与设计值相符，做好旁站记录。

⑥钻机移动时，支脚不要压到桩位。

⑦运输过程中匀速慢转，严禁停转，每次卸料前必须要求混凝土罐车强制搅拌 30 s，防止混凝土发生离析。发现混凝土坍落度过大，需退回搅拌站。砂浆润管时必须等砂浆泵完，出现混凝土时再灌注混凝土。

⑧控制拔管速度，拔管到桩顶后严格按要求停置 10~30 s，保证桩头质量。

⑨施工过程中避免施工机械对已施工完的桩体形成挤压。

7.5.7　管桩。

1. 材料要求

（1）管桩按混凝土强度等级和壁厚分为预应力混凝土管桩（PC 管桩）、预应力混凝土薄壁管桩（PTC 管桩）和预应力高强混凝土管桩（PHC 管桩）。PC 桩的混凝土强度不得低于 C50 混凝土，PTC 管桩强度等级不得低于 C60，PHC 桩的混凝土强度等级不得低于 C80。PC 桩和 PTC 桩一般采用常压蒸汽养护，一般要经过 28 天才能施打。而 PHC 桩，脱模后要进入高压釜蒸养，经 10 个大气压、180 °C 左右的蒸压养护，混凝土强度等级达 C80 从成型到使用的最短时间只需三四天。

（2）预应力混凝土用钢棒（PC 钢棒），执行标准为 GB/T 5223.3—2005，产品代号为 SBPDL 1275/1420，主要规格有 $\phi 7.1$ mm，$\phi 9.0$ mm，$\phi 10.7$ mm，$\phi 12.6$ mm。包装为盘卷。

2. 施工机械

主要有锤击桩桩机、交流焊机、割桩机、水准仪、全站仪，其中锤击桩桩机桩锤的选择根据工程地质条件，桩的类型、结构、密集程度以及现场施工条件选择落锤、气锤、柴油锤、振动锤等。

3. 施工工艺及施工要点

（1）施工流程

施工准备→桩位放样→压桩→接桩及焊接→送桩→终止压桩→填芯→桩顶与托板连接。

（2）施工工艺

①压桩：沉桩之前应根据设计图纸将桩位进行放样，并用小木桩做标记。桩机开至放至样，采用线锤进行对中，管桩对中采用十字交叉法，即以桩中心为基础，向四周引申 4 个对中辅助点，对中铺助点距旁桩位 60～80 cm。管桩吊装采用一点绑扎吊，吊点距离桩端 0.239L（L 为桩长）。第 1 节桩入土的深度控制在 30～50 cm，然后检查并校正桩位的垂直度，桩身的垂直度应控制在 0.5%以内，当入土深度达到 4 倍的桩径时，再次用经纬仪校核桩身的垂直度，如果发现偏移应及时纠止。当达到 6 倍桩径时，应再次校核。在压桩的过程中，一旦发现垂直度大于规定值，则应停止压桩，及时纠偏。

②接桩：接桩时要求上一节管桩的桩头应在地面以上 0.5～1.0 m，采用 2 台电焊机进行对称焊接。在进行接桩之前应将上下节管桩的表面进行清理，还应在下一节管桩的桩头安装定位板，将下节管桩吊放至前

一节管桩之上，利用定位板进行上下连接，要求错位差在2mm以内，在焊接前应确认端板的平整度是否满足要求，如果上下桩之前有空隙，则应用楔形块全部垫实后进行焊接。接桩的坡口槽要分层、对称环缝焊接，焊接时首先在四周对称点焊6点，由2个焊工对称作业，要求焊接的层数大于3层，加强层的厚度大于2mm，层间的焊皮应清理干净，焊缝饱满，不得夹渣或者有气孔。焊接完成后，应冷却至少8min，再进行沉桩。上下节桩的中心线必须共线，偏差不得大于5mm，节点的弯曲矢高应小于千分之一桩长。

（3）施工要点

① 抱压式压桩作业要点：压桩机机上吊机在进行吊桩、喂桩过程中，严禁行走和调整；喂桩时，管桩桩身两侧合缝位置应避开夹具的直接接触；带有桩尖的第一节桩插入地面0.5~0.6m时应严格调整桩的垂直度，偏差不得大于0.5%，然后才能继续下压；压桩过程中应经常注意观察桩身混凝土的完整性，一旦发现桩身裂缝或掉角，应立刻停机，找出原因，采用改进接桩。

② 锤击式桩机作业要点：合理选锤，重锤低击；桩帽大小要适中，垫层软硬要适中，厚度要保证；桩身要直，力戒偏打；接头焊接质量要保证；在较厚的黏土、粉层黏土层中，应连续一次性将一根桩打到底；正确适宜地确定收锤标准；在适宜时间更换垫层，防止损坏桩头。

③ 液压入桩施工要点：

a. 静力压桩单桩竖向承载力，可通过桩的终止压力值大致判断，因土质的不同而异。桩的终止压力不等于单桩的极限承载力，要通过静载对比试验来确定一个系数，然后再利用系数和终止压力，求出单桩竖向承载力的标准值。如判断的终止压力值不能满足设计要求，应立即采取送压加深处理或补桩，以保证桩基的施工质量。

b. 接桩应连续进行，采用硫黄胶泥接桩间歇不宜过长（正常气温下为 10~18 min），接桩面应保持干净，浇注时间不应超过 2 min，上下校中心线应对齐，偏差不大于 10 mm，节点矢高不得大于 1%桩长。

c. 垂直度控制，调校桩的垂直度是沉桩质量的关键，须高度重视。插桩在一般情况下入土 30~50 cm 为宜，然后进行调校。桩机驾驶人员在施工长的组织、指挥下，掌握好双方角度尺两个方向上都归零点，使桩机纵横方向保持水平，调校垂直在规范允许值以内才能沉桩。

④ 管桩的运输、存放和起吊：

PHC 桩在货车运输途中，必须用木楔及绳索稳固于车上，防止意外掉下；另外，还应避免车颠簸过大，造成断桩或裂桩；卸货时，必须使用吊机在桩身适当位置把桩提起，避免产生过度碰撞；应该选择平坦及稳固的地面存放 PHC 桩，摆放时需要用木方垫好及接近施工位置；尽可能把同一规格的桩放在一起，理想高度为一或两层；两层桩之间必须用木方隔开，木方厚度须相同且在同一水平线上，并有木楔固定位置；桩起吊施工时，应避免桩过度碰撞桩机；存放时，PHC 桩不宜做其他用途，以免影响其性能和质量。

7.5.8 质量检验与控制。

1. 碎石桩

（1）碎石桩施工规定值或允许偏差见表 7-3。

（2）动力触探试验。

碎石桩施工完毕 2~4 周后检验碎石桩密实度，宜抽查 5%，用重Ⅱ型动力触探测试，如表 7-4 所示。

表 7-3 碎石桩施工规定值或允许偏差

项次	项目	单位	规定值或允许偏差	检查方法和频率
1	桩距	cm	±15	抽查 2%
2	桩长	cm	不小于设计	抽查 2%
3	桩径	mm	不小于设计	查施工记录
4	竖直度	%	1.5	查施工记录
5	灌碎石量	m³	不小于设计	查施工记录

表 7-4 碎石桩密实度判别标准

每阵击贯入深度/cm	每阵击锤击数 $N_{63.5}$/击	密实程度
10	>7	密实
10	5~7	不够密实
10	<5	松散

2. 粉喷桩

（1）粉喷桩施工允许偏差应符合表 7-5 规定。

表 7-5 粉喷桩施工允许偏差

项次	项目	单位	允许偏差	检查方法和频率
1	桩距	cm	±10	抽查 2%
2	桩径	mm	不小于设计	抽查 2%
3	桩长	cm	不小于设计	查施工记录
4	竖直度	%	1.5	查施工记录
5	单桩粉喷量	%	符合设计	查施工记录
6	强度	MPa	不小于设计	抽查 5%

注：应在桩体三等分段各钻取芯样 1 个，一根桩取 3 个试块进行强度试验。

（2）粉喷桩的竣工后质量检验的主要内容有：

① 轻型动力触探检验。

成桩 7 d 内可使用轻便触探仪（N_{10}）检测粉喷桩的强度，触探点设在桩径方向 1/4 处，检验频率为 2%，检测标准为每 10 cm 大于 10 击为合格。

② 取样检验。

成桩 28 d 以后，在桩体上部（桩顶以下 0.5 m、1.0 m、1.5 m）取芯进行无侧限抗压强度测试，检查频率为 2%，每一工点不得少于 2 根，强度应满足设计和规范要求。

③ 开挖检验。

对桩体搭接或整体性要求严格的工程，可根据工程设计要求，在工程桩的养护达到一定龄期时，选取一定数量的桩体进行开挖，直接检验加固体的外观质量，搭接质量以及整体性、致密性等。

④ 现场载荷试验。

对场地工程地质复杂的大型工程，用现场载荷试验方法，测试桩的承载能力。一般仅进行单桩垂直载荷试验。

3. CFG 桩

（1）质量控制点：

① 水泥、粉煤灰、砂及碎石等原材料应符合设计要求。

② 施工中应检查桩身混合料的配合比、坍落度和提拔钻杆速度（或提拔套管速度）、成孔深度、混合料灌入量等。

③ 施工结束后、应对桩顶标高、桩位、桩体质量、地基承载力以及褥垫层质量检查。

（2）质量标准：CFG 桩复合地基的质量检测标准应符合表 7-6 规定。

（3）质量记录：

① 岩土工程勘察报告。

② 原材料出厂合格证和试验报告。

③ 混凝土配合比通知单。

表 7-6　CFG 桩复合地基的质量检测标准

项	序	检查项目	允许偏差或允许值	检查方法
主控项目	1	原材料	设计要求	
	2	桩径	−20 mm	
	3	桩身强度	设计要求	
	4	地基承载力	设计要求	
一般项目	1	桩身完整性	按《建筑基桩技术检测规范》	《建筑基桩技术检测规范》
	2	桩位偏差	满堂布桩≤0.40D 条基布桩≤0.25D	钢尺测量，D 为桩径
	3	桩垂直度	1.5	用经纬仪测桩管
	4	桩长	+100%	测桩管长度或垂球测孔深
	5	褥垫层夯填度	≤0.9	用钢尺测量

④ 施工记录（包括混凝土的配合比、坍落度和提拔钻杆速度或提拔套管、成孔深度、混凝土灌入等）。

⑤ 混凝土试块强度试验报告。

⑥ 地基承载力检验报告。

⑦ 检验批验收记录。

（4）质量检测：

① 施工质量检验主要应检查施工记录、混合料坍落度、桩数、桩位偏差、褥垫层厚度、夯填度和桩体试块抗压强度等。

② 水泥粉煤灰碎石在地基竣工验收时，承载力检验应采用复合地基载荷试验。

③水泥粉煤灰碎石桩地基检验应在桩身强度满足试验荷载条件时,并宜在施工结束 28 d 后进行。试验数量宜为总桩数的 0.5%~1%,且每个单体工程的试验数量不应少于 3 点。

④宜抽取不少于总桩数的 10%的桩进行低应变动力试验,检测桩身完整性。

4. 管　桩

(1)材料:所有进场材料均应检测合格。

(2)场地:

①施工前应整平场地,将施工场地范围内一切地上、地下障碍物清除,并在管桩施工场地附近设置基准点,其位置应不受打桩影响,管桩桩位应从基准点引出测放。

②在场地一侧(距离场地边界约 5 m)应设置控制桩,妥加保护并经常检查其位置,一般每一周应检查一次。

③对于大面积布置作为复合地基的管桩,其桩位偏差不得超过 15 cm。

④施工时应注意保护已放样的桩位标志。

(3)质量控制要点:

①做到开(复)工有报告,施工有措施,技术有交底,定位(放线)有复核,材料有试验,材料、设备进场有报验,隐蔽工程有记录,质量有自检、专检、复检,交(竣)工有资料(施工资料和动、静测试验报告),项目监理部应制订具体的质量控制措施,责任落实到人。

②监理人员对进场构件进行检查。管桩的外观质量及尺寸应符合 GB13476 规定。构件进场应提供其出厂合格证。

③施工时要分清桩位编号和管桩型号,详细记录每截桩的长度和桩顶标高。

④ 沉桩时桩身垂直偏差度不超过 0.5%，要求施工单位每台桩机配备两台合格的经纬仪，成 90°方向由专人进行观测。

⑤ 当下段桩顶距地面 1 m 左右时暂停沉桩，实施接桩，接桩采用钢端板焊接法。接桩定位前，两端板应清洁干净，用定位板定位，接头处如有空隙，应用锲形铁片填实焊牢，拼接处坡口槽电焊应分层对称进行（每层施焊完成应清除焊渣、质量检查后再施焊下一层）。焊缝应连续饱满（满足三级焊缝质量），焊毕应清渣，并做隐蔽工程记录，由监理人员对焊缝质量进行检查、签证，自然冷却 8 min 后方可继续下沉。接桩上下段的中心线偏差不大于 2 mm，节点弯曲矢高不大于桩段的 0.1%。

⑥ 根据设计图纸确定的桩顶标高和地面标高情况，控制实际的桩顶标高。

⑦ 由于该类桩的挤土效应大，应注意打桩顺序、控制打桩速度，保证打桩质量。施工单位应采取必要的预防措施（如钻孔取土、挖防挤沟），并加强对周边 1.5 倍桩长影响范围内的建筑物、构筑物、地下管线的监测、保护，防止造成破坏。

⑧ 监理人员应及时记录施工监理情况，填写监理日记和旁站记录，并督促施工单位专职记录员及时填写施工记录，当班交监理人员验证并签名。

⑨ 当桩下沉至接近设计标高时，不可过早停压以免再压时产生强大的阻力而难以沉桩。当桩实在无法下沉至设计标高时，经设计部门同意或论证后可采取截桩处理。

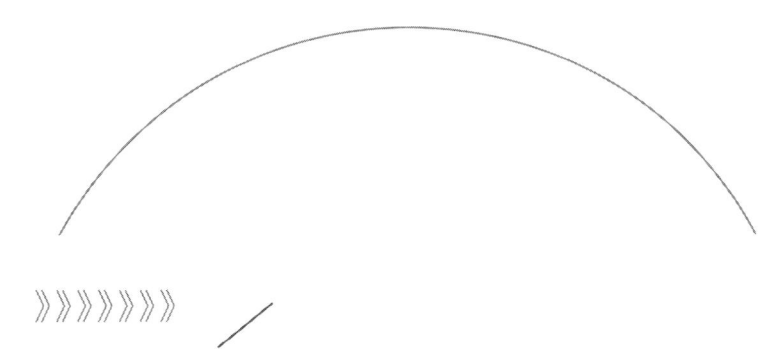

8 改扩建公路新老路基协调变形处理技术

8 改扩建公路新老路基协调变形处理技术

8.1 新老路基协调变形处治原则。

（1）新老路基结合部处治的根本目的就是在保证路基稳定的前提下，控制路基的不协调变形。因此，"变形协调与控制"是处治技术的核心。

（2）对道路整体来说，路基、路面相互作用、相互影响。因而，新老路基结合部的处治技术应当从路基、路面、排水、支挡等各个方面进行统一考虑，突出"综合处治"的思想。

（3）新老路基结合部的处治技术应充分考虑地域、地质和环境的适用性、经济合理性以及施工便利性。

（4）新老路基结合部处治的设计理论与施工技术应当协调统一。

（5）在线形条件允许的前提下，老路尽量采取双侧拓宽的方式，以及新老路基结合部上方尽可能设置成分隔带。

（6）优先考虑铺设过渡性路面，待新老路基不协调变形稳定后再重新铺筑最终的路面结构。且铺筑新路面结构时，应减小基层厚度和模量，适当提高面层厚度和模量。

8.2 一般填方路基拼宽。

8.2.1 地基表层处理，应视既有公路范围地基表层处理措施及现状地表情况，采取相应措施，满足上层路基填筑压实要求，并与既有路基地表的排水设施做好衔接。

8.2.2 路堤拓宽改建应符合下列要求：

（1）应在保证路基稳定的前提下清除旧路边坡绿化、污工、未经充分压实的土或其他不适用土。

（2）拓宽改建路堤的填料，宜选用与既有路堤相同，且符合要求的填料或较既有路堤渗水性强的填料。

（3）拓宽既有路堤时，应在既有路基坡面开挖台阶，台阶宽度不宜小于 1.0 m，开挖、填筑方式如图 8-1 所示。当加宽拼接宽度小于 0.75 m 时，可采取超宽填筑或翻挖既有路堤等工程措施。

（4）拓宽路堤边坡形式和坡度应按现行《公路路基设计规范》（JTG D30）第 3.3 节的规定选用。

（5）结合面以外不小于 2 m 的范围，应增强补压，确保拼接密实，并对拼接部位加强检测。路基拼接可采用铺设土工合成材料等措施增强，土工合成材料宜铺筑于路基底部。

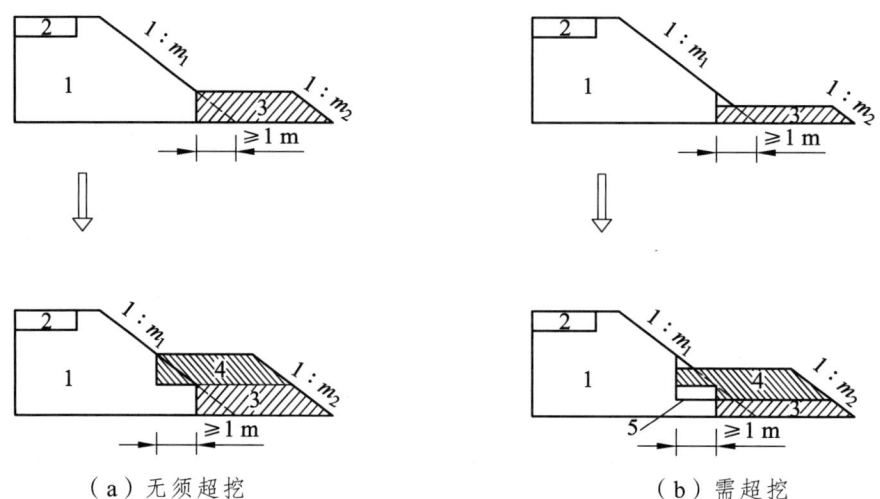

1—既有路基；2—既有路面；3—前次填的部分；4—本次填的部分；5—超挖部分。

图 8-1　路基拼接台阶开挖方式

8.2.3　当采用细粒土填筑时，应加强新路基与既有路基间的排水设计，必要时可增设排水渗沟，排除路基内部积水。

8.2.4　特殊路基拼接应符合下列规定：

（1）采用台阶法拼接困难时，填砂路基、粉土路基、填石路基、粉煤灰路基等可采用单坡填筑拼接，但应设置必要的防排水设施。

（2）需避让农田、建筑物等时，可根据实际工程条件选用加筋土边坡、挡土墙或泡沫轻质土，并应对基底进行处治，保证拼接路基的稳定性，并应设置必要的防排水措施。

（3）既有挡土墙路基拼接时，上部支挡结构物应予以拆除，拆除高度宜低于路床底面；剩余未拆除的部分不应对新的路面结构层受力变形产生不利影响，并应对下部路基填料和拼接工艺提出相应要求。当新旧挡墙施工空间狭窄时，可采用泡沫轻质土填筑施工，并应做好防排水措施及施工养护。

（4）加筋土挡墙、锚定板挡墙、桩板式挡墙等特殊挡墙路基拼接时，应提出合理的拆除工艺，确保路基稳定。

8.3 高路堤与陡坡路堤拼宽。

8.3.1 宜采取优质填料、轻质填料、土工合成材料加筋、桩网复合地基、提高压实要求等措施减小差异沉降。

8.3.2 宜对边坡分级、平台宽度、边坡坡率等作特殊设计，满足路基稳定性要求并宜在路基底部增设土工格室予以增强。

8.3.3 路堤稳定性应符合下列规定：

（1）高路堤及陡坡路堤拼接，除应对路堤堤身稳定性、路堤和地基的整体稳定性、路堤沿斜坡地基或软弱层滑动的稳定性进行验算外，尚应对沿新路堤与既有路堤结合面滑动的稳定性进行验算，验算方法宜采用不平衡推力法，安全系数不应小于1.3。

（2）高路堤及陡坡路堤拼接，既有坡脚支挡结构物不宜拆除，拼接填筑时邻近结构物处可采用小型机具薄层夯压密实，并应做好排水的衔接设计。

8.3.4 高路堤拓宽易造成新老路基差异沉降明显，可采用土工格栅加筋、桩网复合地基等措施提高路基整体稳定性，增强拓宽路基的抗变形能力，减小拓宽路基自重荷载作用下的地基沉降，见图8-2。新老路基结合部加筋处治的要求：

（1）老路基边坡开挖台阶，新路基填筑、压实到相应标高时，再平整铺设加筋材料，伸至台阶内缘，使加筋材料的被动抗力区尽可能长。

（2）加筋材料应选择抗拉强度高、延伸率小、易于施工、价格较低的土工合成材料。

（3）加筋材料在新路基中铺设长度应达到车道线外缘，在保证原地面铺设一层的情况下，尽可能将加筋材料铺设于路基中下部及变坡点位置。

（4）定量分析土工格栅加筋对新旧路基不协调变形的减小幅度及稳定性的提高幅度，确定经济合理的加铺技术参数。以路基差异沉降为主要控制指标时，土工格栅层数宜为2~4层。以边坡稳定性为主控指标时，应根据需要布设土工格栅层数并均匀布置。

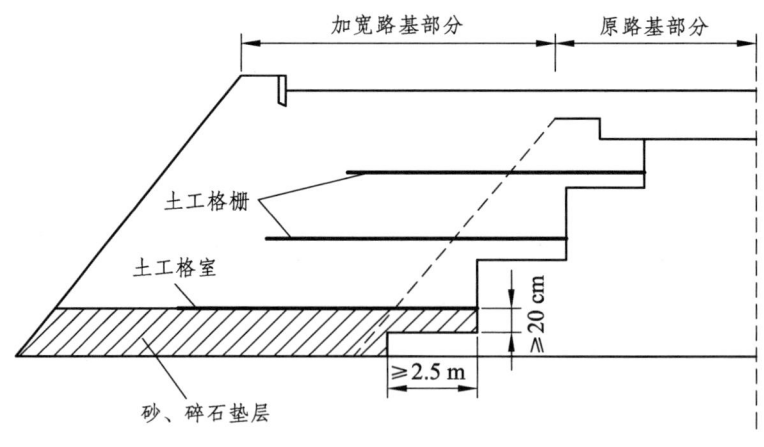

图8-2　路基拓宽结合部加筋处治示意图

8.3.5 泡沫轻质土路堤。

（1）轻质材料路堤设计，应根据使用目的、荷载等级、地形地质条件、环境条件及路基几何参数特点,通过技术经济综合论证,合理选择轻质材料类型、路基结构与断面形式,确定材料设计参数。

(2)对于软土地基上路堤、桥头与挡土墙构造物台(墙)背路堤、拓宽路堤、管线回填、修复沉陷或失稳路、用地或空间受限时等,应优先考虑采用泡沫轻质土进行处理。

(3)路基横断面可采用设置支挡结构的直立式路堤或包边护坡的斜坡式路堤,轻质材料填筑厚度应根据工后沉降计算和技术经济指标综合比较确定。

(4)泡沫轻质土路基应做好封闭措施,严禁直接暴露使用。

(5)泡沫轻质土不宜用于地下水位以下或洪水淹没地段。

(6)泡沫轻质土拓宽路堤,除应对路堤堤身稳定性、路堤和地基的整体稳定性做圆弧滑动验算外,尚应按图 8-3 沿新老路基结合面作滑动的稳定性验算,并可按式(8-1)计算:

$$F_s = \frac{M_1 + M_2\cos\theta}{N_1\cos\theta} = \frac{\mu W_1 + \mu W_2\cos\theta\cos\theta}{W_2\sin\theta\cos\theta} \geqslant 1.3 \qquad (8\text{-}1)$$

式中 M_1——坡前泡沫轻质土在底面上产生的滑动抵抗力(kN/m);

M_2——坡面上泡沫轻质土沿斜面方向产生的滑动抵抗力(kN/m);

θ——斜坡的角度(°);

N_1——坡面上泡沫轻质土沿斜面的滑动力(kN/m);

μ——坡面上(或坡前)泡沫轻质土底面与天然坡或基础地基的摩擦系数;

W_1——坡前泡沫轻质土的自重及路面荷重(kN/m);

W_2——坡面上泡沫轻质土的自重及路面荷重(kN/m)。

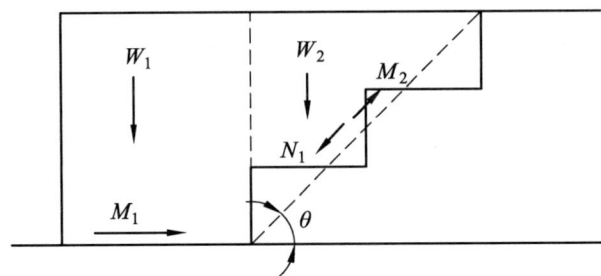

图 8-3 泡沫轻质土拓宽路堤抗滑稳定性验算简图

（7）拓宽路堤和原有路基之间应控制差异沉降并保持良好衔接；新老路基宜采用台阶拼接（图 8-4），开挖坡率宜缓于 1：1.0，横向台阶宽度不宜小于 1 m，坡率适当内倾，坡度 2%～4%为宜。路堤拼接顶部应采用铺设土工合成材料等增强措施。

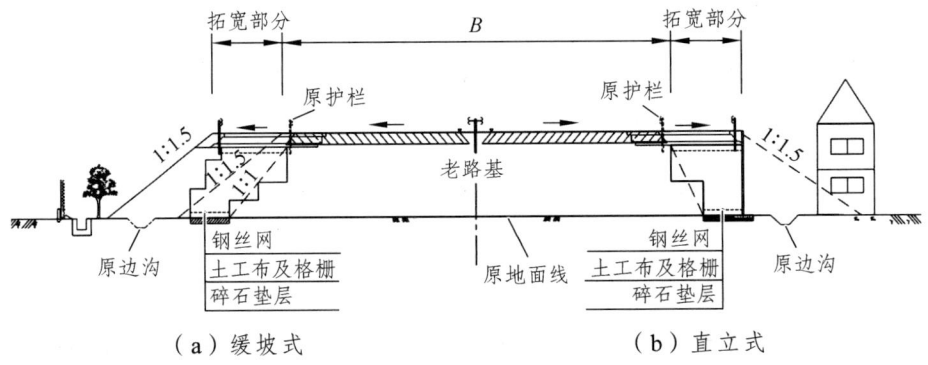

（a）缓坡式　　　　　　　　　（b）直立式

图 8-4 泡沫轻质土应用于路堤拓宽横断面形式

（8）拓宽路堤应做好排水设计。应考虑既有公路的中央分隔带及路面排水设施，做好横穿路基管线的预埋设计；泡沫轻质土底部可增设碎石盲沟，以排除路基底部积水。

（9）当用地受限时，泡沫轻质土路堤边坡可采用陡坡防护形式。

8.3.6 陡坡高路堤拓宽时，为提高泡沫轻质土浇筑体抗滑移和抗倾覆安全度，应满足台阶宽度 $L \geq 2\,m$ 且 $L \geq 0.25H$，具体宽度可结合浇筑体抗滑移验算确定。

8.3.7 软土地基拓宽路堤设计要求：

（1）拓宽部分路基工后沉降控制标准应满足《公路路基设计规范》（JTG D30）规定要求。

（2）在采取等载或超载预压处理时，根据实测沉降速率结合计算分析合理确定二次开挖施工泡沫轻质土方案。

（3）沿河塘、傍山、高填土、深厚软土地基拓宽路段可采用泡沫轻质土与柔性桩或刚性桩复合地基等处理方案相结合。

（4）泡沫轻质土换填时，其底部排水垫层可与既有软基处理的褥垫层厚度相结合，并在垫层内铺置土工格栅。

（5）设计规定的软土地基拓宽路堤施工期末沉降速率控制标准应与老路堤的沉降速率预测值一致。

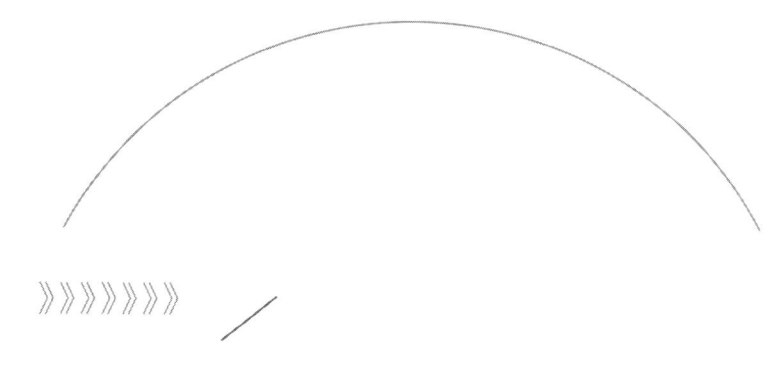

9 改扩建公路路基施工技术

9.1 施工准备

9.1.1 收集并熟悉老路沿线的地形、地貌、工程地质、水文地质、气象等资料,以及沿线地下管线、构造物等的布设情况。

9.1.2 合理地利用钻探、触探、十字板剪切等测试方法,做好新老路基结合部地基土、路基填料的检测,试验方法按《公路土工试验规程》(JTG 3430)办理。检测项目:

(1)液限、塑限、塑性指数、天然稠度或液性指数;

(2)颗粒大小分析;

(3)含水量和密度;

(4)重型击实试验;

(5)强度(CBR值);

(6)有机质含量和易溶盐含量。

9.1.3 施工前,按照设计图纸要求,恢复路线中桩,定出路基拓宽用地界桩、路堤坡脚、路堑顶、边沟等具体桩位。路基拓宽范围内的既有房屋、通信、电力设施、上下水道及其他建筑物,均应协助有关部门事先拆迁,对于拓宽路基附近的危险建筑物应予以适当加固。

9.1.4 新路基用地范围内的树木、灌木丛等均应在施工前砍伐或移植清理,砍伐的树木应移植于路基用地范围之外,将树根全部挖出,并将坑穴填平夯实。如填方地段有水田、水塘、水沟、水渠,必须清淤,并将沟渠的旧砌体及杂物除掉,再用砂、碎石等性能好的材料回填,整平压实,压实度应满足设计要求。

9.1.5 施工机械设备的准备和调试。清淤、清表、翻填宜采用挖掘机作业,压实机械应选择中小型压路机,局部地方采用机械打夯机。

9.1.6 选取地质条件、断面形式具有代表性的拓宽地段修建试验路基,试验路基的长度不宜小于 100 m,新路基填料厚度按 30 cm 进行试验,确定不同机具压实不同填料的最佳含水量、适宜的松铺厚度和相应的碾压遍数、最佳的机械配套和施工组织。

9.1.7 做好排水设施。应事先做好截水沟、排水沟等排水及防渗设施。路堤拓宽施工中各施工层表面不应有积水。雨季施工或因故中断施工时,必须将施工层表面修理平整并压实。

9.2 老路路肩及边坡处理。

9.2.1 路基拓宽工程中新路基填筑前应对老路与新路交界的边坡坡面和部分地基表面进行预处理,主要内容包括:

(1)拓宽区域内的原地面处理。

要彻底清除拓宽范围内淤泥、腐殖土、树根及杂草等,当新拓宽路基位于水塘、水沟等局部低洼积水地段,应先抽干积水,彻底清除淤泥,换填透水性好的砂砾、碎石等材料,换填深度应不小于 30 cm,并予以分层碾压至基底标高,压实度不应低于 87%。

(2)拆除老路的路缘石,以及旧路肩和路堤上原有的挡土墙。

(3)填筑前应截断流向拓宽作业区的水源,并在设计边沟的位置上开挖临时排水沟,保证施工期间的排水。

(4)老路与新路交界的边坡坡面 0.3 m 左右厚度内以及外侧路肩 0.5 m 范围内应挖除换填,然后与新路基土一起碾压密实。

9.2.2 新老路基结合部的台阶设计。

(1)老路基与新路基交界的坡面上应从老路坡脚向上挖设台阶。台阶的具体尺寸根据实际情况而定,通常老路边坡坡度在 1∶1~1∶1.5,每级台阶高度控制在 60~100 cm,细粒土填料取下限,巨粒土和土石混填可取上限,填石路基可取 1.2~1.5 m。台阶宽度一般应不小于 1 m,且设置成 2%～4%的内向横坡。台阶高宽比设置原则如表 9-1 所示。

表 9-1　台阶高宽比和台阶设置原则

原（老路基）边坡	1∶1	1∶1.25	1∶1.5
开挖台阶坡度	1∶1～1∶1.25	1∶1.25～1∶1.5	1∶1.5～1∶1.75

台阶挖设有时受到老路横断面的限制，当严格按上述设置原则开挖时，可能导致老路路面大部分或全部被挖除，同时考虑到措施的经济性和可行性，新路堤可以每填高 1.5 m 挖设一级台阶。老路基边坡的台阶开挖如图 9-1 所示。

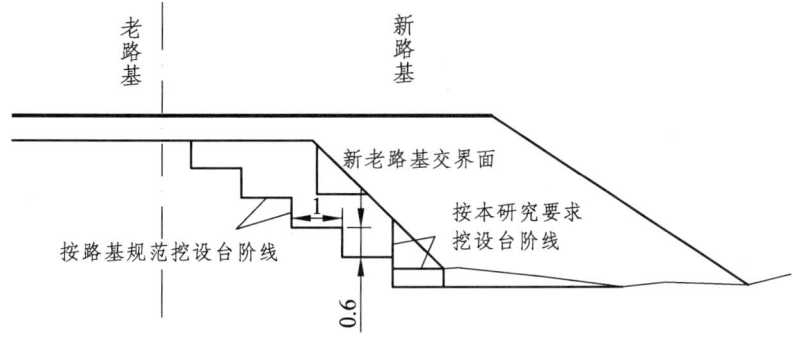

图 9-1　新老路基交界面的台阶挖设图

如果开挖后老路台阶上的路基土强度达不到要求时，需将表面强度不足的土层晾晒和掺灰后，再与新路基土一起碾压至规定的密实度。

（2）对于拓宽路基的填土高度不到 2 m 时，也可利用老路边坡直接铺筑新路基。即先用挖掘机放缓老路边坡，然后再进行新路基的填筑。

9.3　拓宽路基填料的选择与填筑

9.3.1　拓宽路基填料要求

（1）在一般情况下，新路基填料宜与老路基填料相同，或者选用透水性较好、不易风化的砂、砂砾、碎石等材料。

（2）不得使用淤泥、沼泽土、冻土、有机土、含草皮土、生活垃圾、树根和腐殖土等。液限大于50、塑性指数大于26的土以及含水量超过规定的土，不得直接作为新路堤填料。需要使用时，必须采取满足设计要求的技术措施处治，经检查合格后方可使用。

（3）新路基的填料需满足一定的强度要求，应经野外取土试验，考虑工程的特殊性，新路基土的强度要求相对新建路基适当提高，其CBR值应满足表9-2的规定。

表9-2　路基填方材料最小强度（CBR值）和最大粒径

项目分类 （路面底面以下深度）		填料最小强度（CBR）/%		填料最大粒径/cm
		高速公路、一级公路	二级公路	
路堤	上路床（0~30 cm）	10.0	8.0	8.0
	下路床（30~80 cm）	8.0	6.0	8.0
	上路堤（80~150 cm）	6.0	4.0	12.0
	下路堤（>150 cm）	5.0	3.0	12.0
零填及路堑路床（0~30 cm）		10.0	8.0	8.0

（4）因地制宜选择新路基填料。

在具体工程中，可以根据实际情况，满足设计和规范要求的前提下，从就地取材方面考虑选择新路基的最佳填料。例如，当拓宽路基需要半填半挖时，可以采用一侧路堑挖出的适用材料作为另一侧路堤的填料，在平原地区多采用一般性填土，但个别路段填方较小但属薄弱环节的区域，仍应考虑选用上述优质填料进行填筑。在路段通过丘陵、山区的石方或洪积土地带时，新路基修筑可以使用碎石（砾石）、块石（漂石）作为填料。当新路基填方较高，要求路基自重较小时，可采用二灰、EPS轻质材料。

（5）填石路基。

拓宽路基采用石料作为填料时，石料的粒径及级配在开采料场控制，施工单位根据现场情况采用洞室松动爆破、光面爆破或小型爆破，要求填石料级配良好，符合以下指标：石料的强度不应小于 15 MPa，最大粒径小于 30 cm，且不宜超过层厚的 2/3，不均匀系数 C_u>5（$C_u=d_{60}/d_{10}$），曲率系数 C_c=1~3[$C_c=(d_{30})^2/(d_{10}\times d_{60})$]。

利用强风化石料或软质岩石填筑路堤，当用夯锤压实时，石料可能被碾压成碎屑、碎粒，这类石料应按土质路堤施工要求检验其强度值、CBR 值是否符合要求，CBR 值不符合要求时不得使用，符合使用要求时应按土质筑堤的技术要求施工。

（6）土石路基。

新路基采用土石混填时，土石混合料中所含石料强度大于 20 MPa 时，石块最大粒径不得超过压实层厚度的 2/3；当所有石料为软质岩时（强度小于 15 MPa），石料最大粒径不得超过压实层厚度。石料形状以圆形、椭圆形为佳，针片状石块含量须进行控制。

9.3.2 路基土的填筑

1. 填筑前的基底处理

（1）在完成对路基拓宽范围内的地基处理和表面清理后，如果地面横坡陡于 1∶5，原地面还应挖成台阶，台阶的宽度不小于 1 m，高度宜小于 50 cm，并用小型夯实机加以夯实。填筑应由最低一层台阶填起，并分层夯实，然后逐台向上填筑，分层夯实，所有台阶填完之后，即可按一般填土进行。

（2）当拓宽路堤受地下水影响时，应在新路基底部填以水稳定性优良、不易风化的砂、砂砾、碎石等材料或采用无机结合料（石灰、水泥等）进行加固处治，使基底形成水稳定性好、厚约 30 cm 的稳定层，或设置隔离层。

（3）对于挖方路堑，上路床深度范围内的原地面土应予以换填，并按上路床的填方要求施工。

2. 松铺厚度

新路基填筑时应遵循分层填筑、分层压实的原则，每层的最大松铺厚度，按土质类别、压实机具功能、碾压遍数等经过试验确定，还应考虑老路基所挖台阶高度。

（1）土方路基，最大松铺厚度不宜超过 30 cm，填筑至路床顶面最后一层的最小压实厚度，不应小于 8 cm。

（2）填石路基，分层的松铺厚度不宜大于 50 cm，在路床顶面以下 50 cm 范围内应填筑符合路床要求的土并分层压实，且填料最大粒径不得大于 10 cm。

（3）土石混填时，每层最大松铺厚度不宜超过 40 cm，在路床顶面以下 30~50 cm 应填筑符合路床要求的土并分层压实，且填料最大粒径不大于 10 cm。

3. 施工要点

（1）石块级配较差、粒径较大，填层较厚、空隙较大时，可于每层表面的孔隙里扫入石渣、石屑、中砂、粗砂，再以压力水将砂冲入下部，反复数次，使空隙填满。

（2）人工铺填 25 cm 以上石料时，应先铺填大块石料，大面向下，小面向上，摆平放稳，再用小石块找平，石屑塞缝，最后压实。

（3）当土石混合料中石料含量超过 70%时，应先铺填大石块料，大面向下，设置平稳，再铺小块面料、石渣或石屑嵌缝找平，然后碾压；

当石料含量小于 70% 时，土石混合铺填。

9.4 路基土的压实

9.4.1 压实机械的选择

拓宽路基应尽量采用机械压实，土壤的性质不同，有效压实机械也不同。正常情况下，碾压砂性土采用振动压路机效果最好，夯击式压路机次之，光轮压路机最差；碾压黏性土采用捣实式和夯击式最好，振动式稍差。各种压路机都有其特点，可以根据土质情况合理选用。各种土质适宜的碾压机械如表 9-3 所示。

表 9-3 各种土质适宜的碾压机械

碾压机械	细粒土	砂类土	砾石土	巨粒土	备注
6～8 t 两轮光轮压路机	A	A	A	A	用于预压整平
12～18 t 三轮光轮压路机	A	A	A	B	最常使用
25～50 t 轮胎压路机	A	A	A	A	最常使用
羊足碾	A	C 或 B	C	C	粉、黏土质砂可用
振动压路机	B	A	A	A	最常使用
凸块式振动压路机	A	A	A	A	最宜使用于含水量较高的细粒土
手扶式振动压路机	B	A	A	C	用于狭窄地点
振动平板夯	B	A	A	B 或 C	用于狭窄地点，机械质量 800 kg 的可以用于巨粒土
手扶式振动夯	A	A	A	B	用于狭窄地点
夯锤（板）	A	A	A	A	夯击影响深度最大
推土机、铲运机	A	A	A	A	仅用于摊平土层和预压

注：1. 表中符号：A 代表适用；B 代表无适当的机械时可用；C 代表不适用。
  2. 土的类别按《公路土工试验规程》（JTG 3430）的规定划分。
  3. 自行式压路机宜用于一般路堤路堑基底换填等的压实，宜采用直线式进退运行。
  4. 羊足碾（包括凸块式碾、条式碾）应有光轮压路机配合使用。

在路基拓宽施工中，由于施工面狭窄，并为了减小新路基施工对老路基产生扰动，有时难以采用大型压路机压实，在实际施工中，多采用一些中小型的冲击夯、平板夯、手扶压路机等。在一些特殊地段，也可以采用气夯、木夯、石夯等其他小型机具来有效地保证新填土的密实度，此时须减小填料的松铺厚度。有时为了保证工程质量，路基的实际拓宽宽度宜大于设计值，以便能安全地使用筑路机械（平地机、压路机等）操作，达到边坡填筑牢固和新填土坡较好地压实。

各种压路机在碾压行驶开始时宜用满速，最大速度不宜超过 4 km/h；碾压时直线段由两边向中间，小半径曲线段由内侧向外侧，纵向进退式进行；横向接头对振动压路机一般重叠 0.4~0.5 m，对三轮压路机一般重叠后轮宽的 1/2，前后相邻两区段（碾压区段之间的平整预压区段与其后的检验区段）宜纵向重叠 1.0~1.5 m。应达到无漏洞、无死角，确保碾压均匀。使用夯锤夯实时，各夯位应紧靠。

9.4.2 新路基填料的压实。

（1）填土路基的压实

① 新路基压实前，应首先确定其最佳含水量和最大干密度。路基土的压实最佳含水量及最大干密度以及其他指标应在路基修筑半个月前，在取土地点取具有代表性的土样进行击实试验确定。击实试验操作方法按现行《公路土工试验规程》（JTG 3430）进行。

新路基采用土石进行填筑时，其标准干容重应根据每一种填料的不同含石量的最大干容重作出标准干密度曲线，然后根据试坑挖取试验的含水量，从标准干容重曲线上查出对应的标准干密度。

② 各种压路机碾压不同土类的适宜厚度和所需压实遍数与土的实际含水量及所要求的压实度大小有关，应根据要求的压实度按照施工准备

阶段所做的试验路段的试验结果确定。

③ 碾压前，应检查土的含水量，要求在土的最佳含水量±2%以内压实。当土的实际含水量超出该范围时，必须采取处理措施，过湿则摊铺晾晒至容许含水量，过干则洒水润湿至容许含水量。

④ 碾压前应对填土层的松铺厚度、平整度和含水量进行检查，符合要求后方可进行碾压。压实应根据现场压实试验提供的松铺厚度和控制压实遍数进行，若控制压实遍数超过10遍，应考虑减少填土厚度。经压实度检验合格后方可转入下道工序，不合格处应进行补压后再做检验，一直达到合格为止。

（2）填石路堤的压实

碎石路堤采用重量较大振动压实机分层碾压，碾压遍数按碾压下沉值等于零稳定不变时为止。由于碎石含量不同，其击实试验的最大干密度也不同，碎石填料的最大干密度需要由大于5 mm碎石含量的最大干密度曲线来确定。并采用灌砂法、表面波压实密度仪检测压实度是否达到规定值。

块石路堤由于块石粒径较大，经振动压实机分层碾压至下沉值为零后，再用冲击压实机进行检验性补压20遍，如下沉量在5~7 cm，表明原来的碾压合格。块石路堤也可直接使用冲击型压实机施工。对于块石路堤，按《公路土工试验规程》（JTG 3430）表面振动压实仪法确定块石填料的最大干密度。

冲击压实的施工工艺要求如下：

① 填石厚度控制。

填石路基位于水平地形时，压实厚度不应大于50 cm；填石路基在斜坡地带时，压实层厚度不应大于40 cm。松铺系数为1.15~1.20。

② 压实沉降值控制。

冲击碾压若干遍后，压实沉降值趋于稳定，同时结合落锤式弯沉仪的测定值进行分析，综合确定需要碾压的遍数及其相应的压实沉降控制值。

③ 填石施工。

石方填筑的关键是要达到要求的级配分布，保证使最大的石块居于每层的底部，而较细的颗粒则居于顶部。

（3）土石路堤的压实

土石路堤的压实标准与技术要求，应根据混合料中巨粒土的含量多少，分别参照填土路堤和填石路堤。

9.4.3 压实标准的检测和控制。

（1）新路基采用土质填料时，压实度可以采取灌砂法、环刀法、蜡封法、灌水法（水袋法）或核子仪法。采用核子仪法时，应先进行标定和对比试验。土石路堤的压实度可采用灌砂法或水袋法检测。

（2）对于新填路基的基底，也应在填筑前进行压实，且基底的压实度不应小于87%，当新填路基填土高度小于路床厚度（80 cm）时，基底的压实度不宜小于路床的压实度标准。

（3）拓宽路基的压实度可采取较之高一等级公路路基的压实度，对于土质新路基（含土石新路基）的压实度应不低于表 9-4 公路路基压实度标准。

（4）土质路床顶面压实后还应进行弯沉检验，路床顶面的压实度和弯沉值均应满足要求。如仅有一项满足要求，应找出原因，予以处理。

（5）填石路堤的压实标准。

填石路基压实标准如表 9-5 所示。

表 9-4 土质路堤压实度标准

填挖类型		路面底面计起底深度范围/cm	压实度/%	
			高速公路、一级公路	二级公路
路堤	上路床	0~30	≥98	≥95
	下路床	30~80	≥98	≥95
	上路堤	80~150	≥95	≥93
	下路堤	>150	≥93	≥93
零填及路堑路床		0~30	≥97	≥94

注：1. 压实度以《公路土工试验规程》(JTG 3430)重型击实试验法为准。
2. 压实度检验频率按《公路路基施工技术规范》(JTG/T 3610)执行。
3. 特殊干旱地区的压实标准可降低2%~3%。
4. 用灌砂法、灌水（水袋）法检查压实度时，取土样的底面位置为每一压实层底部；用环刀法试验时，环刀中部处于压实层厚度1/2深度；用核子仪试验时，应根据其类型按说明书要求办理。
5. 当其他等级公路修建高级路面时，其压实度应采用高速公路、一级公路的规定值。

表 9-5 填石路堤的压实标准

路堤顶面以下深度/cm	重型击实压实度/%
0~150	96
>150	94

（6）新老路基的模量比应控制在 1.2~2.0。

9.5 结合部土工格栅加筋处治施工。

9.5.1 结合部的土工格栅加筋设计：

（1）土工格栅应水平铺至新老路基结合部两侧一定范围内，一端应伸入老路基整个台阶宽度，另一端在新路基中的铺设长度应达到车道线外缘。

（2）尽可能每一台阶铺设1层。在投资不允许的情况下，应至少在拓宽范围的原地面铺设一层，且铺设层数不少于3层（如图9-2所示）。

（3）为防止土工格栅产生蠕变，其设计应变(延伸率)应控制在10%以下。

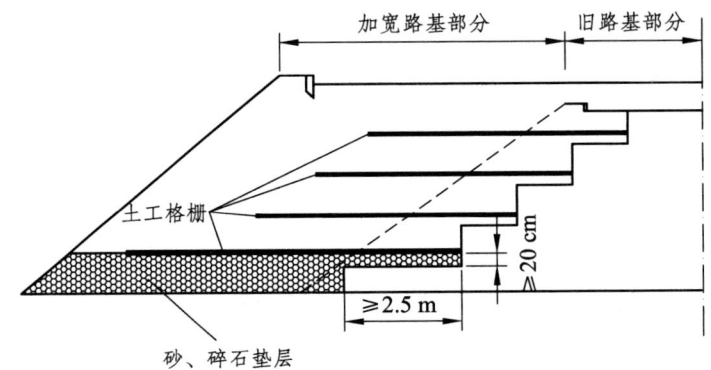

图9-2 公路拓宽改建路堤加筋施工示意图

9.5.2 土工格栅的铺设施工要点：

（1）当施工场地开阔平坦、坡脚无冲刷时，清除地表杂草及植物根茎，低洼积水地段，还应进行排水清淤，然后整平老路坡脚地面。

（2）老路基边坡自下而上开挖不小于1.0 m宽的边坡台阶，且最下层台阶宜大于2.5 m，在地基表层直接铺设垫层，垫层材料宜选用砂砾、碎石等透水性好的材料，粒径在3~6 cm，且最下层土工格栅的垫层不小于0.2 m，垫层含泥量不大于5%。

（3）土工格栅铺于垫层中，垫层应整平，土工格栅需紧贴垫层，并使土工格栅强度高的方向垂直于路基轴线方向，且应一次铺设足够的长度，不宜缝接和搭接。土工格栅的铺设过程中不得使其出现扭曲、折皱、重叠，并要特别注意应避免过量拉伸，以避免超过其强度和变形极限而产生破坏或撕裂、局部破顶等。

（4）沿路基轴线方向，土工格栅之间采用搭接法时搭接宽度一般为

0.3~0.5 m，若周边用"U"形柱钉控制时，搭接长度可为 0.1 m；当采用尼龙线或涤纶线缝合时，一般采用工业缝纫机，接缝宽度应大于 10 cm，且缝线的强度不低于土工格栅的设计容许抗拉强度。

（5）土工格栅必须埋置于拓宽路基填料中，为防止土工格栅的土层表面坚硬凸出物穿破土工格栅，在距土工格栅层 8 cm 以内的路基填料，其最大粒径不得大于 6 cm，现场施工中发现土工格栅有损时必须立即修补好。

（6）为防止土工格栅受阳光紫外线的照射而老化，材料铺设好后应立即用土料填盖，时间间隔不得超过两天。且土工格栅的存放以及铺设过程应尽量避免长时间曝晒或暴露。

（7）将新路基填料覆盖在土工格栅上，松铺厚度不宜大于 30 cm，土工格栅上的第一层填土摊铺宜采用轻型推土机或前置式装载机，一切车辆、施工机械只允许沿路堤的轴线方向行驶。

（8）路基填料在最佳含水量时碾压至规定的压实度。碾压顺序应由拓宽路基的外侧向新老路基结合部碾压；第一层填料宜采用推土机或其他轻型压实机具进行压实，只有当已填筑压实厚度大于 60 cm 后，才能采用重型压实机械压实，要求的压实度应满足设计要求。

9.5.3 质量检测与控制：

（1）施工过程中，需埋设地表沉降仪，控制路堤的填土速率并加强沉降和侧向位移的观测，防止路堤失稳。

（2）压实度检测。待每层碾压完毕后，进行压实度抽检，抽检合格后，方可进行上层垫层和土工格栅的铺设。拓宽路基的压实度标准应符合规范规定和设计要求。

（3）土工格栅的铺设允许偏差应符合表 9-6 的要求。

表 9-6　土工格栅铺设允许偏差

项次	项目	单位	允许偏差	检查方法及频率
1	强度	N/mm	在合格标准内	按《公路工程质量检验评定标准》（JTG F80/1）执行
2	下承层平整度、拱度	—	符合设计要求	每 200 m 检查 4 处
3	搭接宽度	mm	+50，0	抽查 2%
4	搭接缝错开距离	mm	符合设计要求	抽查 2%
5	锚固长度	mm	符合设计要求	抽查 2%

9.6　泡沫轻质土现场浇注施工。

9.6.1　清理压实场地：

（1）泡沫轻质土路堤地基应按设计高程和尺寸进行开挖、清理、整平、压实，设置排水沟或其他排水设施；当在地下水位以下浇注时，应有降水措施，不得在基底有水的状态下浇注。

（2）旧路加宽老路堤与泡沫轻质土交界的坡面，清理厚度宜不小于 0.3 m，从老路堤坡脚向上按设计要求开挖台阶。土体台阶必须密实、无松散物。

（3）纵向填挖结合段，应合理设置台阶。

（4）老路堤坡体纵向单次开挖长度不宜超过 100 m，并应及时采用泡沫轻质土进行回填，防止雨水冲刷而引起塌方隐患。

9.6.2　浇注区与浇筑层：

（1）泡沫轻质土路堤浇注施工应采取分层分块方式，不宜沿公路横向分块浇注。施工前应将路基划分为面积不大于 400 m²，长轴不超过 30 m 的浇注区。

（2）每个浇注区单层浇注厚度宜为 0.3～1.0 m。

（3）轻质土路堤每隔 10～15 m 应设置一道变形缝。变形缝宜采用 18 mm、胶合板或 20～30 mm 聚苯乙烯板，上下可不贯通。

（4）泡沫轻质土分区施工时，分区模板应按照拼接紧密，不漏浆。

9.6.3 泡沫轻质土的制备：

（1）泡沫轻质土宜采用压缩空气与发泡剂水溶液混合的方式生产，不得采用搅拌法生产泡沫。

（2）原材料配合比计量应采用电子计量，计量精度泡沫剂、水泥、水、外加剂和外掺料均为±2%。

（3）用于制备泡沫轻质土的料浆在储料装置中的停滞时间宜不超过 1.5 h。

9.6.4 泡沫轻质土的浇注施工：

（1）浇筑施工应采用管路泵送方式。泵送前，应检查管接头是否紧固，确保接头密封牢固不泄露。泵送过程中，浇筑管的压力应满足扬程及输送距离要求。

（2）地形复杂区域应根据现场情况合理配置机械设备，可采用中继泵进行远距离输送，或采用分级输送方式进行高扬程输送，混泡应在最后一级进行。

（3）泡沫轻质土应在出料软管的前端直接浇注，出料口宜埋入泡沫轻质土中不小于 10 cm，以降低泡沫轻质土的消泡量，如图 9-3，不应采用从上而下喷射方式进行浇筑。浇筑点由中心向四边扩展或采用多点浇筑。浇筑点不应直接冲击面板及伸缩缝模板部位，避免造成面板底部及接缝处的渗漏。

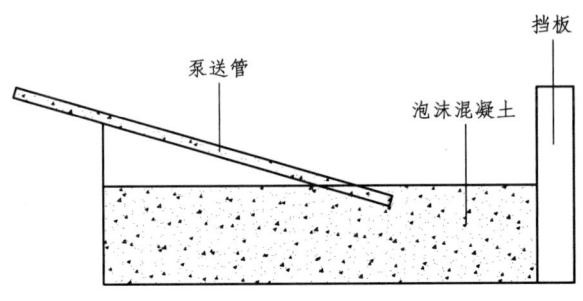

图 9-3　泡沫轻质土浇筑方式

（4）单个浇注区浇筑层的浇注时间不得超过水泥浆的初凝时间；上下相邻浇注间隔宜不少于 8 h。

（5）浇筑过程若停滞时间超过 30 min，应及时清洗管道，清洗输送管时以管道出水干净为准。

（6）浇筑过程中应减少对泡沫轻质土的扰动，不应在泡沫轻质土里面随意走动或移动浇筑管。

（7）在浇筑过程中应对泡沫轻质土的湿容重进行检测，湿容重检测方法应采用容量筒法，每一浇注区浇筑层检测次数应不低于 6 次，若不符合要求则应及时调整。

（8）按设计要求在浇筑过程中安装钢筋（丝）网片。

（9）当遇大雨、暴雨或持续时间较长的小雨天气，未硬化的泡沫轻质土表面应采取遮雨措施。

（10）泡沫轻质土浇注至设计厚度后，应覆盖塑料膜或无纺土工布进行保湿养护，养护时间宜不少于 7 d。

（11）泡沫轻质土顶层铺筑过渡层之前，不得直接在填筑表面进行机械或车辆作业。

9.6.5　冬期、雨期及热期施工：

（1）冬期、雨期及热期的泡沫轻质土施工，应根据不同的季节特点制订相应的施工技术方案，并应采取有针对性的措施，保证工程质量和施工安全。

（2）施工前应及时掌握气温、雨雪、风暴、汛情等预报，制订应急预案，做好安全防范工作，避免发生事故。施工操作人员应按劳动保护的规定，采取必要的防护措施。

（3）当室外日均气温连续 5 d 低于 5 ℃ 或环境温度超过 38 ℃ 以及下雨时，不得进行泡沫轻质土浇注施工；特殊情况需要施工时，应采取特殊措施并进行专项报批，确保工程质量和施工安全。

（4）热期施工，每班完工后应及时清洗拌和设备、储浆设备、浇筑管路中的浆体，避免因浆体凝固损坏设备。

（5）若在冬期施工时，每班完工后应清空各设备及管路中的残留浆体，并对浇筑管路、施工设备、发泡剂及浇筑区域等采取保温措施。

9.6.6 施工过程质量检验：

（1）泡沫轻质土应在固化后 28 d 进行无侧限抗压强度和密度检测。抗压强度和密度检测应按现行《公路工程水泥基水泥混凝土试验规程》（JTG E30）检测，并满足设计要求。

（2）泡沫轻质土路基路床强度应符合表 9-2 的要求，对 CBR、弯沉值可不做要求。

9.6.7 辅助工程施工：

1. 保护壁施工

（1）钢筋混凝土挡墙类保护壁，高度小于 2 m 时，可一次性施工至设计标高；否则，可分 2~3 次施工。

（2）砌块类保护壁，砌筑砂浆应满足 M7.5 级砂浆的质量要求，砌缝宜采用勾缝，缝宽不应超过 1 cm；施工过程中，砌筑高度以不超过当前泡沫轻质土浇筑面 3 层砌块高度为准,按照随浇随砌的原则施工。

2. 防水土工膜施工

(1)铺设前,应清除下承层的尖锐物,避免刺破。必要时,应先铺设一层无纺针刺土工布作为垫护。

(2)相邻幅的土工膜,重叠搭接宽度不宜小于 10 cm。

3. 金属网施工

(1)金属铺设前,应检查其外观,有明显锈迹的金属网,不能采用。

(2)相邻幅的金属网,应重叠铺设 5~10 cm,重叠部位宜用铁丝绑扎,相邻绑扎点间距不应超过 10 倍网眼边长。

(3)在变形缝位置,金属网应断开铺设。

9.6.8 实测项目:

实测项目及质量标准见表 9-7。

表 9-7 泡沫轻质土施工质量标准

项次	检查项目	规定值或允许偏差	检验方法和检验频率
1	强度/MPa	在合格标准内	2 组/400 m³
2	干重度/(kN/m³)	≤设计值	2 组/400 m³
3	顶面高程/mm	+10,-15	水准仪:每 20 m 测 1 点
4	轴线偏位/mm	20	全站仪:每 20 m 测 1 点
5	宽度/mm	不小于设计值	尺量:每 10 m 测 1 点

9.6.9 外观鉴定:

(1)面板应光洁平顺,线型平顺,沉降缝上下贯通顺直。

(2)表面不得出现宽度大于 2 mm 的非受力贯穿缝。

9.7 支挡结构处新路基土的填筑与压实。

9.7.1 挡墙基础的施工：

（1）基础的各部尺寸、形状、埋置深度均按设计要求进行施工。

（2）在松软地层或坡积层地段开挖挡墙基坑时，基坑不宜全段贯通，而应采用跳槽办法开挖以防止上部失稳。当基底土质为碎石土、砂砾土、砂性土、黏性土等时，将其整平夯实。基础开挖采用明挖，但遇到特殊水文、地质情况时，也可采用桩基、深井等基础。

（3）当遇有基底软弱或土质不良地段时，可按以下方法分别进行处理。

① 当地基软弱、地形平坦、墙身又超过一定高度时，可在墙趾处伸出一台阶，以拓宽基础。如地基压应力超过地基承载力过多时，也可采用钢筋混凝土底板。

② 如地层为淤泥质土、杂填土等，可采用砂砾、碎石、矿渣灰土等材料予以换填，或者采用砂桩、石灰桩、碎石桩、挤淤法、土工织物及粉喷桩等方法分别予以处理。

9.7.2 墙背回填：

（1）挡土墙的砌体砂浆强度达 70% 以上时，才可以回填墙背填料，优先选用渗水性较好的砂砾土填筑，严禁使用膨胀土和高塑性土，如有困难采用不透水土壤填筑时，应在土中掺加石灰、水泥进行处治。浸水挡墙背应全部用水稳定性和透水性较好的材料填筑。

（2）墙背回填要均匀摊铺平整，并设不小于 3% 的横坡填筑，逐层夯实，不允许向着墙背斜坡填筑。每层压实厚度不宜超过 20 cm，碾压机具和填料性质应进行压实试验，确定填料分层厚度及碾压遍数。

（3）压实时应注意勿使墙身受较大的冲击影响，应采用小型压实机具碾压。常用的小型压实机具有蛙式打夯机、内燃打夯机、手扶式压路机、振动平板夯等。

（4）墙背的压实度标准，从填方基底至路床顶面应不小于95%。

10 改扩建公路路面辅助处治技术与排水

10.1 路面辅助处治方法。

10.1.1 路面辅助处治方法主要包括在新老路基结合部位设置分隔带、设置过渡性路面以及铺设玻纤格栅加筋路面。

10.1.2 新老路基结合部位设置分隔带。在线形允许的情况下,可以在新老路基结合部位设置分隔带(如图 10-1 所示),即容许新老路基不协调变形引起的纵向开裂,甚至产生小量的错台。这样可以在保证拓宽道路正常使用的情况下,节约施工成本并降低施工难度。同时必须做好分隔带的防、排水工作。

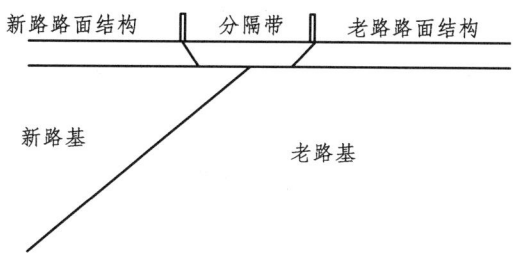

图 10-1 结合部设置分隔带示意图

10.1.3 过渡性路面。拓宽路基施工完毕后,路面结构可以采用各种未经处理的粒料基层和各类沥青面层、碎(砾)石面层或块石面层组成的柔性路面结构,或者易拆移式的干砌砌块结构。待道路运营一段时间后,拓宽路基部分充分变形稳定后再将临时性铺面挖除,铺筑最终的路面结构。

10.1.4 玻璃纤维格栅路面加筋。

1. 材料要求

采用新型的玻璃纤维格栅,由高模量的玻璃纤维胶线组成,上面涂有改性聚合物,背面有粘胶。

2. 玻璃纤维格栅的铺设层位

玻璃纤维格栅应铺设在新老路基结合部上路面结构的基层底面。

3. 玻璃纤维格栅的施工工艺

（1）垫层表面处理

铺设格栅之前，需将垫层表面局部松散、坑洞及裂缝修补填塞，并清除表面颗粒、杂物及尘土，保证表面平整干净。

（2）玻璃纤维格栅的铺设

玻璃纤维格栅目前通常采用一种简捷的铺设方法，即将格栅卷材装在专用的摊铺车上，使带胶黏剂的面朝下，然后开动摊铺车向前慢行，将卷材拉开铺到需要的长度后，用剪刀将其割断即可。铺设时必须平顺、拉紧，横向搭接长度宜为 50~100 mm，纵向搭接长度宜为 150~200 mm，并根据摊铺方向，将后一端压在前一端之下。

（3）碾压

玻纤格栅铺设固定完毕后，须用小型胶轮压路机适度碾压稳定，此后要严格控制车辆出入，禁止车辆急转向、急刹车，且应尽快铺设沥青混凝土。

（4）上层结构的铺设

沥青混凝土的基层和面层的施工工艺同新建路面。

10.2 结合部的排水设计及施工。

10.2.1 结合部的排水主要包括结合部的中央分隔带排水、新老路基结合部界面排水以及内部排水，各项排水设施的设计和施工应注意对老路基原有排水设施的衔接和改造。

10.2.2 拓宽路基排水设施的设计步骤：

（1）调查拓宽侧老路路基和路面原有排水设施的设置情况。

（2）分析拓宽路基路堤的填筑或路堑的开挖对原地表水的流向、流速，地下水水位、流向以及泉水的出露位置和流量的影响，确定排水设施的设置位置。

（3）选择合适的排水设施，通过水文和水力计算，确定各项排水设施所需的设计断面。

（4）各项排水设施的材料选用和结构设计。

（5）冲刷防护措施的设计。

10.2.3 中央分隔带排水。

（1）新老路基结合部上方设置中央分隔带时，需在中央分隔带设置排水设施。

（2）中央分隔带由纵向集水沟和排水管组成，下方铺设不透水土工布。渗入中央分隔带的水分，先流入由透水性材料组成的纵向集水沟，并汇流入沟中的带孔（或槽口）排水管内，再由间隔一定距离布设的横向出水管排引出路界（如图 10-2 所示）。

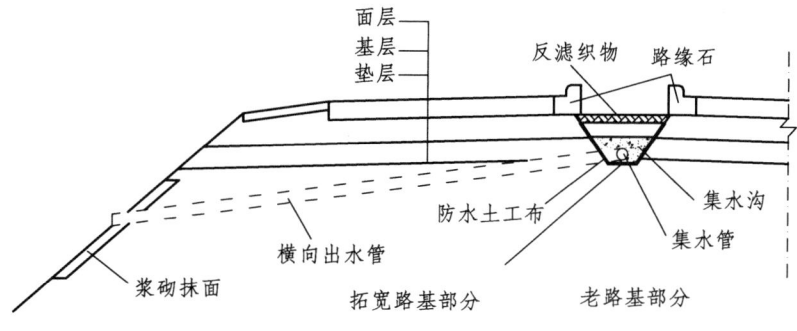

图 10-2　新老路基结合部中央分隔带排水结构示意图

（3）集水沟的设置要求：

① 集水沟的断面形状多设置成梯形或碟形，梯形坡度为 1∶1～1∶1.5，深度通常与垫层底面齐平或略低些。在冰冻地区，集水管应尽可

能在冰冻深度以下。

②集水沟中的不透水材料可由不含细料的开级配碎石、砾石等组成，集水管两侧各有至少 10 cm 宽的透水性填料。透水性填料的底面和外侧铺设防水土工布，集水沟的顶面以反滤织物覆盖。

③集水沟和集水管的纵向坡度不低于路线纵坡。

④集水管设在集水沟的底部，沿纵向集水管，间隔适当的距离设置不带孔的横向出水管，纵向集水管上游起端与横向出水管相接，中间段的出水口采用单根或一对出水管，集水管与出水管端头用半径不小于 30 cm 的弯管联结。

（4）出水管的设置要求：

①出水管的横坡为 3%～5%以上，视出口处的路基排水情况选定。

②埋设出水管和通气管所挖的沟须回填低透水性材料。

③出水管和通气管的外露端头用镀锌铁丝网或格栅罩住，以防杂物进入。

④出水口的下方应铺设混凝土防溅板或对泻水坡面进行浆砌抹面防护，且出水水流尽可能排引至涵洞、边沟或排水沟中。

10.3 新老路基结合部路界表面排水。

10.3.1 在拓宽路基的一侧，一般需要重新设置路界表面的排水设施。具体步骤为：

（1）拆除清理老路原有的边沟、截水沟、急流槽等表面排水设施。

（2）换填砂、碎石等性能好的材料整平压实。

（3）重新设置拓宽路基的地表排水设施，各地表排水设施的设计和施工与新建路界表面排水相同，其沟顶均应高出设计水位 0.2 m 以上。

10.3.2 拓宽路基为填方路堤时，拓宽路基外侧需重新设置边沟；拓宽路基为挖方路堑时，拓宽路基外侧需重新设置边沟及截水沟。

10.4 拓宽路基地下排水设施。

10.4.1 排除路基地下水的方法宜用拦截、汇集、隔离和导流等形式，在某些情况下，还需降低地下水位。

10.4.2 用土工布作隔离层排除路基地下水，常设置在新老路基结合部的界面以及透水层下方。

10.4.3 利用天然砂砾排除路基地下水。如老路存在砂砾排水层，则在新路基上应全铺厚度不小于 20 cm 的透水性和水稳性都较好的天然砂砾，并与老路砂砾排水层横向衔接。如老路没有砂砾排水层，也可在拓宽的新路基中设置砂砾层，其厚度同样不得小于 20 cm。

10.4.4 用盲沟排除地下水，宜用于浅层裂隙水路段。

10.4.5 暗沟排水。暗沟的作用主要是把新老路基结合部范围内的泉水和较集中的裂隙水排到路基范围以外去。暗沟出口处应高于路外排水沟最高水位，一般不得小于 20 cm。

10.4.6 渗沟排水，宜用于地下水位较浅，又能较好地解决出口位置的挖方拓宽路堑。渗沟底宽以满足排除地下水最大流量为原则。渗沟深度一般大于 2 m。

10.4.7 深边沟。排水深边沟的作用是汇集和排除拓宽路基范围的地下水及流向路基的小量地面水。深度为 1.2~2.0 m，不宜与其他沟渠合并使用。对于地下水位接近或高于路基设计标高的路段，地面坡度大于 5 以上的地形，或者拓宽路基的开挖截断了坡体内的含水层，或者开挖后基底范围内有含水层出露时，都可以考虑加深边沟加以排除（如图 10-3 所示）。

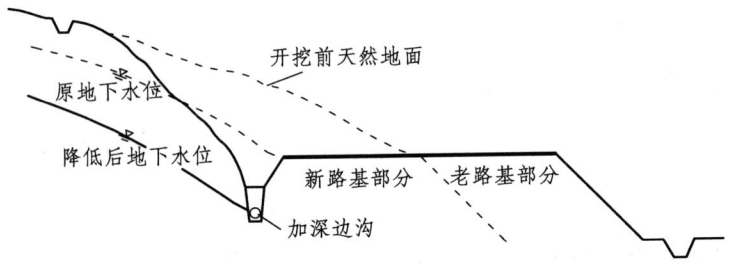

图 10-3　拦截地下水的纵向地下排水沟